実存神秘学

榊 満天星

文芸社

God is happiest when his children are at play .

「人は何のために生きるのか？」というこの問い掛けは、もちろん人類普遍の問い掛けであり、私にとってもまた天に向かって、もしくは自らの内側へ向かって、幼少期以来常に問い続けてきた課題であった。

幼少期以来、というのはいささか大げさに聞こえるかもしれない。天才でもあるまいし、小さな子供がそのような哲学的疑問を自らに問い掛けるなど通常では考えにくい。もちろん私とてそのような問い掛けを、誰かに向かって、もしくは何かに向かって質問したというような記憶はないし、又、あり得ない。しかしよくよく振り返ってみると、かなり幼い頃から、私はそのような問い掛けを確かに内に持ち、確かに「感じて」いたのである。

私の家族は、私が三歳の頃に父母が離婚し、その後私は父と祖母の手によって育てられた。とはいえ、私が不幸な幼少期を送った、というわけではない。私が素直で利発な「いい子」であった事もあって、祖母も父も私を自慢の息子として大いにかわいがり、愛情深く育ててくれたはずである。母がいないからといって特別愛情に欠けた幼少期を送ったわけではない。

おまけに我が家は裕福であった。私が生まれたのは終戦の翌年であり、私が育った頃は日本中が困窮の極みに喘いでいた時代であるが、我が家はもともと地方の中産階級の端くれに位置していた事に加え、戦後最初に隆盛を極めた映画産業をいち早く手がけた事によって、他人の貧困を尻目に、物資のない当時としてはあり得ないくらい「何不自由ない暮らし」をしていたのである。

ところでそのように物心両面から私の成長を支えてくれた祖母と父を、当時の私は幼な心に、おそらく、まったく敬愛していなかった。別段憎んだり、理不尽なわがままを言っていたわけではない。強いて言えば彼らの人格が「物足りなかった」のである。その理由をよくよく考えてみると、決してこじつけではなく、この問題に行き着くのである。つまり彼らの中に形而上的な問い掛け、「人は何のために生きるのか?」という人生の深みに対する問い掛けとその洞察が欠如していたからではないか、と思われるのである。平たく言えば彼らの言動に教養が感じられなかった、という事なのかもしれないが、これも又、四、五歳の子供に教養がどうのという判断基準があろうはずがなく、分析の難しいところではある。ただ彼らの問題意識、あるいは思考の掘り下げからもたらされるはずの人間的深みを、その言動から一切感じ取る事ができなかったのは、おそらく確かである。

父自身も裕福な中で育ったぼんぼんであったので、そこそこの教育も受け、人間的にも優しくお人好しの性格であり、その気の弱さと飲酒癖と女好きを除けば、そう非難に値する人物ではなかったが、今にして思えば、そこまでの人物でしかなかった。ついでに言えば、祖母の場合は、しばしば女将とおだてられるくらい稼ぎも使いっぷりも派手な女性であったが、さすが明治の女性で、ろくに字も読めなかった。

我が家の遠縁に多少ものを考えていたかと思われる人物が一人いる。自然主義作家の徳田秋声（1872-1943）である。私が生まれる前の話であるが、ある時この作家が西国へ向かって放浪の旅に出た。その折り、身内を頼って九州の我が家にしばらく逗留した事があるそうだ。後に郷土史家や地元の新聞社がその時の様子をしばしば祖母のところに取材にきた。その際祖母が決まって答える回想は「毎日何もしないで家でごろごろした上、こちらはいちいちおさんどんをさせられ、えらい迷惑な居候だった。」と、「思い出す度に腹が立つ」といった調子で、ともかく毎回本気で怒っていた。当時の貧乏作家に対する一般的評価というものはおおかたそんなものだったのだろう。

というわけで、金はあったが都会的センスや教養に欠けていたというのが、私が育った家族の状況だった。別にだからどうだという問題ではない。最大の問題は、幼い頃から、私の中に人間の哲学的考察に対する要求、自らの存在に対して問い掛けを持たないまま日々を過ごしている人間に対する疑問、というものが既に芽生えていたという点である。

今なら、この頃の私の家族や周りの人間に対する私の漠然とした違和感を明確に言い表す事ができる。

食うためには何をすればいいか、異性を獲得するにはどうすればいいか、という思案は「思考」の内には入らない。それは考えている事にはならない。そのような事は人間以外の生物も日々画策している。人間のみが「何故？」と問い掛け得るのである。そして実際問題、その問いに対する答えなしに、人はどうやって生きるのであろうか？　日々の生活に関する思考は、あくまで「手段のための思考」であって、「目的」に沿った思考ではない。人は目的を知らないまま、時の流れの中を徒らに彷徨い続けるものなのだろうか？

そんな私の漠とした疑問は、思春期になり、論理的思考回路が形成されるにつれ、当然の事ながら意識の表面へと吹き出してきた。これが、若者たちが大なり小なり一度は直面する「青春の悩み」である。それまでぼんやりと夢の中で生きてきた子供たちが、周りの景色がだんだんと明確になってくるにつれ直面する疑問である。自分は何故ここにいるのだろう？　この先何処へ進めばいいのだろう？　と。

この時はもう言葉に出して、父や教師におそるおそる尋ねたものである。そしてここで、再度、決定的な失望を味わう事になる。もちろん誰一人としてそれに答えられないばかりか、彼らの中にその問題に関する考察の形跡すら認められなかったのである。「誰も、何も考えずに生きているのだ！」

これは驚きであった。人生の根本的な目的を考慮せずに生きている人間がいること自体が不思議であった。敢えて言うが、「教養」とはこういう事なのである。何もあちこちと知識をかき集め、それを山積みしてゆく事が教養ではない。生きる意味とは何かを問い、その問いに照らし合わせながら現実を体験、評価して行く事で積み重ねる現実認識、存在認識こそが真の教養なのである。又それが人間としての自然な思考形態であり、真の意味で有用な知識でもあるのだ。

とはいえ、これは私に限った出来事ではない。先に述べたように、これは若者たちの多くが或る時期直面する課題であり、その答えを求めて、当てにならない大人たちをよそに、彼らは書物へ向かう事になるのである。私が最初に出会った書物はヘルマン・ヘッセ（1877–1962）であった。

この作家の叙情的で、かつ静かに存在の深みへと沈潜して行く語り口が気に入ったが、それ以上に、当時地方の進学校であたかも強制労働のように大量の勉強を押しつけられていた身にとって、彼の『車輪の下』こそ、自分の疑問と不満を代弁してもらえているようで、いたく共感を覚えたものである。もっとも、この物語は主人公の哀れな死でもってその結末を迎えるのであるが……。

それにしても、何故こんなに勉強しなくてはならないのか？　という不満は（不満と言うよりほぼ強迫観念に近いものであったが）、「人は何故生きているのか？」という私の潜在的問いかけを増幅させた。余談になるが、私はもともと「良くできる子」の類であったので、中学を卒業するまで勉強で苦労する事はなかったし、勉強を苦痛と感じた事もなかった。ところが、高校に進学するや否や、所変われば品変わるで、勉強しなければ成績は上がらないし、少々勉強したところでやっぱり上がらないし、要求される勉強量は私の許容量を遙かに超えるものであったし、ほとんど途方に暮れていた状態であった。自ずと何故勉強しなければいけないのか、人は何故生きているのか、という方向に、良きにつけ悪しきにつけ、思考の矛先を向けざるを得なかったのである。

そうこうもがいている内に、次に出会ったのが同じくヘッセの『デーミアン』であった。コリン・ウィルソンも『アウトサイダー』の中で高く評価しているが、『デーミアン』は文学史的に見てもかなりの傑作だと今でも思う。彼の持つ叙情的特性を充分に発揮しながら、彼はこの作品を通して存在の秘密に確かに一歩近づいている。作品の中の言葉で言えば「星に手を掛けている」のである。因みに、我が国におけるルドルフ・シュタイナー研究の第一人者である高橋巖氏も、自身の哲学的探求がこの『デーミアン』から始まった旨を述べている。高橋氏同様、この作品は改めて私に存在の秘密を探る事の醍醐味を呼び覚まさせた。人生の謎を問う事の中に一種の「美的陶酔」が潜んでいる事を知ったのである。高校三年、まさに多感の年の事である。

さて、これまた余談だが、その頃の我が家の状況と言えば、世は既にテレビ時代を迎え、それまで隆盛を極めていた我が国の映画産業はこぞって衰退の一途をたどっていた。我が家もその例に漏れず、映画館はとっくの昔に売っぱらわれ、残った資産で家族みんなが細々と暮らしている有様であった。そして一時は秀才の名を誇った私も、進学校の並み居る英才たちの群れの中に影薄く埋もれてしまっていた。とはいえ、まあ腐っても鯛というところか、最終的には何とか大学進学にはこぎ着け、早稲田の文学部に滑り込んだ。専攻はもちろんドイツ文学である。

改めて思うが、ヘッセに限らず、ドイツ文学には思考の深みへとどんどん踏み込んで行く傾向と伝統が確かにある。哲学的思考が文学として受け入れられているのである。又その一方で、哲学的考察を「読み物」として躍動的にまとめる手法を各作家たちが持ち合わせてもいる。その典型がニーチェ（1844–1900）である。彼の書はすべて哲学書であるのだが、その深遠な内容にもかかわらず、彼の文体はどこか官能的で「読み物」としてのダイナミズムを見事に併せ持っている。この点は、他の国の文学とは明確に一線を画していて、これに肩を並べるのはロシアのドストエフスキーくらいではないかと思われる。英文学の巨匠シェークスピアにしても、ドイツ文学のような存在の深みへの粘っこい追求は見受けられない。

こうした特徴を持つドイツ文学のジャンルは総括して「Ich Roman」（イッヒ・ロマン）と呼ばれている。日本語に直訳すると「私小説」と言うことになるのだが、我が国の、日記かゴシップかよく分からないリアリズムそうろうの「私小説」とは趣をかなり異にするので、イッヒ・ロマンの事を、我が国では「ドイツ教養小説」という、これ又やや意味不明の名前で呼んでいる。「私小説」と「リアリズム」が幅をきかせてきた我が国の文学界では、ゲーテやヘッセが広く読まれている割には、こうした「観念的」な小説はあまり評価されず、「教養小説」的な作品や作家も余り多くは見受けられない。だからドイツ文学は野暮ったい、というのがまあ一般的な認識かもしれない。しかし、いずれにしろ私の口にはよく合っていて、ドイツ文学を専攻した事は正解であった。

ところで、大学はさすがに学問の府である。大学での講義は「人は何のために生きるのか?」という私の問いかけに、一つの明確な回答を返してくれた。

その「回答」とは「人生にはもともと目的など無い」「人が生きる事に取り立てて意味は無い」というものであった。

これは別段早稲田大学の公式見解というわけではもちろんない。川原栄峰教授の「実存主義哲学」の講義の中における見解である。とはいえ、それは私にとって極めて強烈な回答であった。もちろんその回答は何ら論理的証明を伴うものではないのだが、しかしながら私にはそれが「人生の目的は何か?」という私の問い掛けに初めて、正面切ってまともに応えられた回答のように思えた。その答えには一種の真実味、真摯さが感じられたのである。

川原教授の語る実存主義哲学の論理的概略は次のようなものであった。そもそも「人生には一体どのような意味があるのか?」という問い掛けは実際あまりにも大きな漠とした問い掛けであり、そう簡単に答えが出るわけがない。しかしその問い掛けの方向を変え、まずその問いかけが成立する前提として「果たして我々の人生には意味が有るのか、無いのか？」というスタンスに立ったのが、ニーチェに代表される十九世紀の実存主義哲学である。そして彼らはその思考実験として「人生に意味は無い。我々はただ虚空に投げ出された存在でしかない。」という論陣を張った。その思想を一言で表したのが、ニーチェの「神は死んだ！」である。

この言葉は過去二千年にわたって西洋世界を支配してきたキリスト教思想に向かって放たれたものであり、教会への批判という政治的なニュアンスを多少含んではいるが、純哲学的には、存在と本質の対立軸の中から生まれたひとつの論理的立場を表明している。

やはり高名な実存主義者であるフランスのサルトルが「ペーパーナイフ」を例にとって次のように言っている。

ペーパーナイフは書物のページを切り開くために考案された「物」である。（昔は技術的な問題から、製本された書物のすべてのページが袋とじになっていた。）もし神がいるならば、人間がペーパーナイフを作り出したのと同じく、世界も又「何かのため」に神の手によって作られた「物」のはずである。その場合、それは存在の前に本質規定がなされた事になり（創造の前にプランが存在した事になり）、従って世界も人間も、その存在にすべて何らかの「意味」がなければならない事になる……もちろんこれはその通りである……しかしながら、と実存主義者たちは言う。もし存在が本質に先行していたとするならば、（つまり、神とか何とかが登場する以前から存在があったとするならば）……人間とは偶然性の産物以外の何者でもなくなり、「存在の意味」とは、単なる「後付けの分析」に過ぎず、Warum（＝Why、何故）？という問いかけに対し、最初から答えはない事になる。

これは見ようによっては、単なる思い付きの推論でしかない。しかしながらそれまで長きにわたりキリスト教の神と教会に支配され、あるいは守られてきた西洋人たちにとっては、それは目がくらむほどの衝撃的な宣言であった。その思想は彼らの精神に途方もない「自由」をもたらす事になるが、しかしながら、その自由は寄るべきものをすべて失う事も意味する。一人一人が、何らの精神的支えなく、自らの責任で（自分独りの責任で）この地上に毅然と立たねばならないのである。

この思想は、それを受け入れる者に勇気と誇りを要求していた。まさに、神に依存しない孤高なる人間としての誇りを。

実存哲学はある意味で「感じる哲学」であった。それは論理や主義主張を飛び越え、いきなり人間性そのものを呑み込んでしまう。知ってしまった以上、もうその認識から逃れる事はできないのである。

この思想に直面するとき人は眩暈に似た嘔吐感を催す、とニーチェもサルトルも言っている。（サルトルの代表作は『嘔吐』である。）私自身実際その眩暈をその講義の中で覚えた。それほどその思想は私にとって強烈で、魅力的でもあった。私の存在探求の旅路は、『デーミアン』的なロマンチックなハイキングから、突然悲壮な岩壁登攀へと変貌した。

そして時を置かずして、こうした私の「思想体験」を裏打ちするような書物に出会う事になる……当時世界的ベストセラーとなっていたコリン・ウィルソン（1931–2013）の『アウトサイダー』である。

コリン・ウィルソンの登場は、どう考えてみても極めて異例で不思議な「出来事」であった。というのも『アウトサイダー』はジャンルからいえば「哲学書」以外の何ものでもない。そしてもし人が公けに「哲学」を語ろうとするならば、当然そこにはそれなりの学術的背景が要求されるのが一般的である。（もちろん人がそれぞれに自らの哲学を語る事は勝手だが、通常はそのような「普通の人の戯言」に人々がわざわざ耳を傾ける事はない。）ところがこの世界的ベストセラーとなる『アウトサイダー』を著したのは、何と若干二十五歳の無学歴の若者であった。今日でこそ著名な思想家コリン・ウィルソンであるが、その登場は文字通り「無名の若者」として、ある日突然、魔法のように世界に躍り出たのである。

この事実は、彼の著した『アウトサイダー』が、いかに人々の心を捉えるほどに真実を突き、いかに教養人たちを唸らせるほどに説得力を持ち、いかに万人に受け入れられるほどに読み物としての魅力を併せ持っていたかを証明している。

『アウトサイダー』にはニーチェやサルトルを始め、カミュやヘッセ、ドストエフスキー、ゴッホにニジンスキー、そしてアラビアのロレンスまで、多岐にわたるジャンルの人物たちが登場するが、実質的には「実存主義者紳士録」と言って差し支えない。そして彼らの言葉を通して、その辞典もどきの分厚い書物の最初から最後まで「出口もなく、回り道もなく、抜け道もない」生の真実が延々と語られ続け、その悪夢のような真実の中で「人間とは徒労の情熱である」などと呟きながら、報われる事のない生を悪戦苦闘しつつ生きてゆく「アウトサイダー」たちの姿が絵巻物のように紹介されて行く。

（因みにこの書物の登場をきっかけとして映画『アラビアのロレンス』が製作され、

それまで英語圏では余り注目されていなかったヘルマン・ヘッセがアメリカのヒッピーたちの間で広く読まれ始めるという現象が起きている。）

実存主義は「出口なし」の思想である。そのような思想に関わってももちろんろくな事にはならない。その思想が彼に幸せな人生をもたらすとは到底思えない。しかも実存主義は共産主義と違って「イデオロギー」ではない。それは単なる「認識」であり、そこには別段人類の未来を見据えた主義主張があるわけではない。そこに意図すべき「目的」はない。そしてそれが「単なる認識」であるからこそ一層始末に困るのである。つまりその認識から目をそらしたからと言って事態が好転するわけでもないからである。ブルジョワ市民としてインサイドに生きる事の愚かしさを彼は目撃してしまっている。彼に残された選択肢はわずかである。「人生に意味は無い」というこの認識を凌駕する更なる生の真実を見出すか、もしそれが困難であるならば、好むと好まざるとにかかわらず己の直面した認識に向き合うしかない。然るに「アウトサイダー」とは大なり小なり己の目撃したこの認識に、誠実に向き合っている人間たちの総称であるかと思われる。

私が実存主義やアウトサイダーに魅かれたのは、結局のところこの「誠実さ」にあったかと思う。「人生とは何か？」という問いかけをなおざりにして日々を送る事は怠惰であり、愚鈍であり、自分の人生に対し余りにも不誠実な態度ではないかという私の感覚の正当性を、この書物は真正面から支持してくれているように思えた。

コリン・ウィルソンはこの『アウトサイダー』を通して、「存在する事に意味はない」とする実存主義者たちの主張を「証明」したわけではない。しかしながら彼は、然るべき知性、然るべき感性の持ち主が人生を誠実に追求して行くならば、遅かれ早かれこの結論に到達するという事を半ば証明したのかもしれない。事実「実存主義」は二十世紀の中心的思想課題となった。コリン・ウィルソンがピックアップするまでもなく、二十世紀文学でそれなりの評価を受けている作品には、この無関心、無感動という香りを帯びた「虚無感」が必ずその底流に流れている。

現時点でなら確信を持って言えるが、実存主義は決して真理でもなければ正解でもない。しかし、間違った道筋でもない。それは存在の核心へと向かう者がいつかどこかで踏破しなければならない真理への獣道なのである。

というわけで、その時私の想念は「神のいない世界」を選択したのであるが、恐ろしい事に、この世界には「想念が現実を造る」という法則が（私の知らないところで）存在していた。「神は存在しない」という事を「想念」が決めれば、確かに「神が存在しないような現実」がやってくるのである。

実存主義は言ってみれば「絶望」の思想である。絶望の上に立ってこの世界を生きて行くという覚悟を要求される思想である。そして「絶望」の真の認識方法は一つしかない。それは「思い知らされる」という形でのみやって来る。私に「現実的絶望」が襲いかかって来るのにそう長い時間は掛からなかった。

大学を卒業した途端、私は文字通り「この世に投げ出された存在」となった。頼るべきものは何もなく、金もなく、職すらなく、まさに夢も希望もない無一物のニートとして社会に放り出されたのである。

もちろんこれはいくつかの不手際と認識不足が効率的に絡み合って起こった事なのだが、それにしてもこの時の神、もしくは存在の手際はよかった。我が国が高度成長へと向かうさなか、私は手も足も出ないまま、いわゆる「下流社会」の住民として社会への第一歩を踏み出す事になった。そして精神的にも、現実的にも、まったく光明の見えないこの「暗黒の青春時代」は、何とその後十年間も続く事になる。この間に三島由紀夫が自決した。

その華麗な文体に魅了かつ幻惑されてか、文芸評論家の誰も敢えてそのような指摘はしていないが、私は日本文学の中で、埴谷雄高よりも誰よりも三島由紀夫（1925-1970）こそ最も典型的な実存主義作家だと思っている。コリン・ウィルソンはアウトサイダーの中でヘルマン・ヘッセの事を「ロマン主義的アウトサイダー」と呼んでいるが、三島由紀夫ほどこの命名にふさわしい作家はいないであろう。三島の作品には、ニーチェとヘッセが混在したようなロマン主義的ニヒリズムが一貫して描き続けられている。

もともと「ニヒリズム」は「ロマンチシズム」と表裏一体の関係にあり、それは「裏切られたロマンチシズム」とでも言うべき側面を持っているのだが、この関係性を手替え品替え描き続けたのが「三島文学」なのである。その最も象徴的な作品が『海と夕焼け』という初期の短編であろう。これは文庫本でわずか十六ページにも満たないこぢんまりした作品でしかないのだが、そこには彼の全作品に共通する清冽な憧憬と決定的な絶望が見事に凝縮されて描かれている。しかもそれは思想的にも空間的にも壮大で、そのままNHKの大河ドラマにしてもおかしくないほどのスケールを有している。三島文学の傑作のひとつである。

物語は、稲村ケ崎を望む十三世紀の鎌倉の高台から始まる。主人公は、そこから海を眺める年老いた寺男なのだが、この人物、その時代背景にはあり得ないはずの、碧眼の白人である。

その経緯はこうである。彼はかつてエルサレムを目指した「少年十字軍」の一員であった。フランスの山間で羊飼いをしていた彼の前へ或る日、白い衣を纏ったイエスが突然現れエルサレム奪回を命ずる。「お前ら少年がエルサレムを取り戻すのだ。マルセイユへ行くがいい。地中海の水が二つに分かれて、お前たちを聖地へ導くだろう。」

その言葉に従い少年はマルセイユへ赴く、そこには同様の啓示を受けた大勢の少年たちが集い、こぞって「海の割れる」時を待っていた……しかし、いつまで待っても、海は割れなかった。

この後は史実通りの運びとなる。彼らは、エルサレムまで連れて行ってやろうという奴隷商人の口車に乗せられ、奴隷として各地へ売っぱらわれる羽目になる。この主人公（名はアンリという）は、幸か不幸かインドで中国の僧、大覚禅師に拾われ、結局彼に従ってはるばる日本までやって来たのである。

さて、ここで彼の神への問い掛けである……それは三島自身の存在への問い掛けでもある。

「アンリは稲村ケ崎の海の一線を見る。今の彼はその海が二つに割れることなど信じない。しかし今も解せない神秘は、マルセイユの、とうとう分かれなかった海の真紅の煌めきにひそんでいる。何の不思議もなく、基督の幻を受け入れた少年の心が、決して分かれようとしない夕焼けの海に直面したときのあの不思議。」

物語は、絶望の後にそれでもかすかに残る神への愛着、存在への問い掛けとして「夕焼け」の残照で終わる。

三島が生涯凝視し続けたのはこの「割れない海」であった。ロマン主義的アウトサイダーにとって、「人生に意味は無い」というこの己自身の認識こそが「許しがたい不思議」なのである。

この憧憬と絶望の図式は、彼の最晩年の作品である『イカロス』という詩に、より鮮烈に語られる。それは詩と言うより、もはや短絡的な叫びに近いものであるが……。彼は最期のバルコニーで、おそらく「天」に向かってこの詩を叫んでいたに違いない。「私はそもそも天に属するのか、それとも地に属するのか?」と……。

このロマン主義的アウトサイダー思想を、三島ほど明快に華麗に語り描いた作家はまずいない。にもかかわらず（敢えて言うが）彼の最後の「行為」は彼の諸作品と比べあまりにも拙劣であった、と評価せざるを得ないであろう。その行為はあまりにも「戯曲化」されすぎている。しかもその演出は著しく「必然性」に欠け短絡的でほとんど小児的戯れに近いものでしかなかった。その演出を見て、人々はただびっくりしただけで、誰一人何らの共感も感銘も受けなかった。あのバルコニーで叫んでいたのは「憂国の士」などではなく、ただの孤独なドン・キホーテにすぎなかった……そんなお粗末な演出に彼は命を懸けた。それどころか森田必勝という若者の命まで巻き添えにしてしまっている……やはり狂っていたのだろうか。

狂気であるか否かは別として、もし「アウトサイダー」的観点からのみこの事件を分析するならば、三島はこの行為によってサルトルの言う「絶対状況」を自ら創り出そうと試みたと考えられる。サルトルはそれを物語の「挿絵」のような場面にたとえているが、「絶対状況」とはいわば人生の頂点であり、結実であるような「瞬間」、ゲーテのファウスト博士が、悪魔との契約を無視して最期に「世界は美しい。時間よ、止まれ！」と叫んだ、そのような瞬間の事である。（しかしそのような瞬間を創り出すのは、本来神の仕事なのだ。）ロマン主義的アウトサイダーの申し子である三島は、生涯そのような「瞬間」を（神に）求め続け、そしてとうとう（神はなぜ神の仕事をしないのか、と）痺れを切らして、そのような「絶対状況」を自ら「捏造」してしまったのである。もちろん海は割れなかった。

そして結果的に、生きていれば当然勝ち得たであろうノーベル文学賞も昭和の文豪の名もことごとく失う事となった……それが彼の言う「戦後価値観」の否定という事なのだろうか?

神を否定すれば、神のいないような現実がやってくる。ニーチェは狂死し、キルケゴールは自殺し、三島はその両方をやった。下手をすれば、私の運命も似たようなものになっていたであろう。ただ、たまたま私は、彼らよりもう一つ粘り強かったし、時に恵まれてもいた。自己崩壊する前に、私はかろうじて「来たるべき時代」の裾をつかんだ。

絶望の季節もそろそろ十年目に差し掛かってきた頃、私は「断食療法」というものに出会った。

その夏、(後にシナリオライターとして活躍する)大学時代の友人が一冊の本を携えて私のところへやって来た。寺井嵩雄著『断食のすすめ』(一九六七年刊)である。その時の私は肉体的にも精神的にもほぼ限界に来ていた、と言っていい。もともと癖になっていた便秘がいよいよ酷くなっていた上、それに呼応するように生活の方も糞詰まりで、覇気もなければ展望もない、人生の袋小路のような所に私はいた。医者にこそ通わないまでも、おそらくいつ鬱病、もしくは癌になってもおかしくない状態であったと思う。

そんな時その書物に書かれてある「何にでも効く」オールマイティーの効能書きは、溺れる者の前に差し出された一束の藁のようなものであった。そこに展開されている酸とアルカリを切り口とした食理論は、それまで学校で学んできた生理学的、栄養学的知識とは真っ向から対立する、まさに眼から鱗を剝ぎ取られるような斬新な理論であった。もしこれが本当なら、心身共に完全にリフレッシュする事ができるばかりか、もしかしたら、この何かの拍子でボタンを掛け違えてしまった、と思われる自分の人生を、再度立て直す事ができるかも知れない、という期待が私の中に沸き上がった。

こうして『断食のすすめ』のマニュアルに従い、十日間の断食行は行われた。まる十日間、水だけの生活である。そして、これがまさに私の人生の折り返し点となる「祝福の十日間」となった。

それはいわば自分の体を実験場とした、未知なる領域への探検行であった。食を断って以来、体が次第に病人のようにだるくなっていく一方で、最初は重くてしようがなかった頭が、日が経つにつれ急速に軽くなり、最後はバンバンに冴え渡って行くプロセスや、これ又マニュアルにあった通り、最初は醤油のようにどろどろとしていた尿が、日を追って透明度を増し、ついには光にキラキラと反射する、まさに不純物ゼロ、といったダイヤのような透明感を持つに至るまでの体験等々、水を飲み、本を読む以外何もする事のない十日間であったが、極めて充実した興味深い日々を私は過ごした。そして無事十日間を終え、その実験は見事に成功した。

『断食の勧め』曰く、血液が正常化され疲れが溜まらなくなります……その通りになった。断食を終えて一週間ほどは睡眠時間が極端に少なくなった。眠って二時間もしたら、バチッと眼が覚めて、元気いっぱい飛び起きてしまうのである。お肌が綺麗になります……その通りになった。たったの十日間で本当にすべすべした肌に変わった。体臭も消えた。等々……しかし最大の収穫は、未知なる世界を実際に「体験」した事であろう。それは「食わねば死ぬ」という世の常識を覆し、「食べない」というメソッドを用いる事により画期的な健康を獲得するというコペルニクス的体験であった。世の中には学校で学んだ事以外にも「知識」が存在するのだ、という事を文字通り肌で知ったのである。そしてその領域の存在を垣間見たとき、私はついに実存主義の呪縛から解き放たれたのである。まさにそれは「光明」であった。

『アウトサイダー』の一節に「甦るということはすなわち、新たな動機、新たな希望、新たな信念を意味する。」という言葉があったが、その意味において、私は断食によってまさしく「甦った」。

実存主義は、我々の常識、及び学術的世界の、勇気ある最終解答であった。その世界において、その結論は、おそらく正しい。かつてペルシャの歴史学者が「人間の歴史」を王に問われたとき、彼は一言で「人は、生まれ、苦しみ、そして死んだ」と答えたと言われるが、日々食って働き、働いては食い、妻を娶り、子を育て、老いて朽ち果てる、そのような世界において、神などいない、あれは苦し紛れの幻想でしかない、生きる意味などもともと無い、と説く事はそれなりに説得力がある……しかしながら、それはあくまで「限定された世界」での話である。

ニュートン力学が通用するのはこの惑星内の、分子より大きな物質に対してのみである。宇宙や素粒子の世界ではその理論は通用しない。実存主義もその例に漏れない。その限定された知識領域の枠の外には、その結論が無効となるもう一つの広大な世界が存在していたのである。私がそのとき垣間見たのは、ニュートン力学の外側の世界であり、非ユークリッドの世界であった。

我々が親しんでいるユークリッド幾何学は「平面幾何学」でしかない。そこでは平行な二直線は何処まで行っても交わらないし、三角形の内角の和は決まって百八十度である。しかしながら、地球は丸いし、太陽系も丸い。宇宙はすべて曲面と曲線で構成されている。「平面」というのは、物理的宇宙の中でも、極めて局所的な存在でしかない。緩やかに湾曲している水平線の中のわずかな区間が、かろうじて「直線」に限りなく近い性質を有しているに過ぎない。すなわちユークリッド幾何学が通用するのは、ニュートン力学同様、(机の上とか)極めて限定的な領域に限られる。

西洋世界における科学や知識というものは、ローマ・カトリック教会による思想支配の中で多くの制約を受けながら発展してきた知識体系である。具体的に言えば、アリストテレスの思想からほとんど一歩たりとも出てはいない。アリストテレスの合理的な理論展開ではキリストの行なった様々な行為を理論的に解き明かす事はもちろんできない。それ故ローマ・カトリックは、キリストの業績をすべて「奇跡」という名で括ったのである。そうした西洋思想をこぢんまりと充実させる事に貢献してきたのが、ユークリッドであり、アウグスティヌスであり、デカルトであり、ニュートンであり、そしてその終着点がニーチェであった。

その枠組みの中に収まりきれない思想家ももちろんいた。例えばカントであり、ハイデッガーであり、ユングであり、そしてアインシュタインである。そしてそんな彼らの思想や理論はいずれも共通して、難解である。つまり枠内にいて、枠内の言葉で、枠外のことを語るのは至難の業なのである。もちろん、アリストテレスのスタンスから外れて、まさに非ユークリッド幾何学のように、まったく違う観点からの思想が存在しなかったわけではない。しかしながら、それらの思想はすべて異端とか魔女とかの名の下に、徹底的にキリスト教会によって圧殺されてきた。

我々日本人が「世界史」とか「科学」とか呼び、かつ学校で学んでいるものは、厳密には「西洋史」であり「西洋科学」である。たまたま大航海時代を通じて西洋が世界の覇権を握ったため彼らの知識がグローバル・スタンダード、すなわち、一見「世界基準」となってしまっただけの事である。よくよく考えてみれば「それがすべて」であるわけがない。

大航海時代がやって来るまで彼らの手の届かなかった世界では、当然アリストテレス抜きの思想と科学が発展していた。例えばマヤ、例えば中国、そして、例えばインド。いずれの地もその後彼らがやって来て、西洋的思考では理解困難なそれらの科学体系をくしゃくしゃに踏みつぶす事になるのだが、かろうじて難を逃れて生き残ってきたのが「インド哲学」であった。

今日コンピューター時代がやってきて、圧倒的にインド人のプログラマーが重宝されているのはその一例でもある。コンピューターソフトの究極は「天地創造」、すなわち無から有を生み出す事に近いのだが、それは数学にゼロという概念を生み出し、九九を二桁まで暗記する、インド科学のもともと得意とする分野に違いない。

さて私が体験した「断食療法」は「東洋医学」に分類されるものであり、そのルーツをたどって行くとインド医学の「アーユル・ヴェーダ」にたどり着く。そしてそこには、ヨーガや瞑想といった、それまで私がまったく関心を持つ事のなかった「見知らぬ知識」が軒を並べて林立していた。時代であった。私がそれらの新しい知識を漁り始めてからは、その私の要求に応えるように、それまで目に触れることのなかった様々な「精神世界」の文献や情報が、少しずつ世に出て来るようになり、その後ブームとなっていった。ディーパック・チョプラ博士が語るように「絶滅したと信じられていたが、実は海底で眠っていた古代生物が目覚め始めたかのごとく」今やあらゆる種類の「あり得ない」ものごとがおおっぴらに姿を現しつつあった。私が「かろうじて時代の裾をつかんだ」というのはこの事を意味する。ニーチェや三島の世代では、これらの情報に数多く接する事は困難だったのである。

私が実存主義の呪縛から解き放たれたちょうどその頃、かのコリン・ウィルソンもまた、同様の結論にたどり着いていた。彼は私の言う「もう一つの知識領域」の事を「オカルト」（隠された知識）と呼んだ。彼が大著『オカルト』を著したのは一九七一年、『アウトサイダー』登場から十五年後の事であった。

『オカルト』は例によって（まさしく例によって）「霊能者紳士録」であり「怪奇現象百科」である。彼はこれらの霊能、及び怪奇現象のルーツが、かつて野生時代（都市ができる以前）に人類が所有し、今は無意識の底に隠れている「X機能」（超意識、超能力とでも呼ぶべきもの）にあると考え、今後その隠れた能力を引き出し開発する事が人類の「進化」の方向性であり、あたかも人間が「アウトサイダー」の呪縛から解放される道筋であるとでも言いたげな論を展開している。

「オカルト」（隠された知識）のルーツを歴史的にたどって行くと、古代ギリシャ文明を経て、最終的には古代エジプト文明へと辿り着く。確かにピラミッドは何らかの「突出した知識」なしには建造し得ないものである。そこにはπ（パイ）やφ（ファイ）など高度な数学的知識の存在が垣間見られる。極端な例としては、地球の「円周」を基に定められたはずの「メートル法」を彼らが知っていた形跡すらある。「光速」はアインシュタインが宇宙を計るための不変の「定数」として採用した数値であるが、ピラミッドの外接円と内接円の「円周」の差は（共にメートル法で表した場合）「光速」の値と一致するそうである。

それらの（おそらくは特権階級によって隠され続けてきた）古代知識は、ヨーロッパでは「ミスティシズム」（mysticism）と呼ばれ、その知識を学ぶ「スクール」も秘かに存在していた。（そのような「ミステリースクール」は、この日本も含め、現代でも世界のあちこちに存続しつづけているとも言われている。ハリー・ポッターの「魔法学校」も実はそうした伝説を背景とした、それなりのリアリティーを有したものなのである。）

我々の知る古代ミステリースクールとしてはプラトンの「アカデミア」があり、その他に「ピタゴラス教団」、そしてバプテスマのヨハネが属し、イエスがそこで学んだと言われる「エッセネ派」、及びその後継と目される「グノーシス派」などがある。

さて「ミスティシズム」（＝「西洋神秘主義」とでも訳すべきであろう）と呼ばれるこれらの古代知識が何となく怪しげな「オカルト」へと変貌していったのは、言うまでもなくローマ・カトリックの影響である。コリン・ウィルソンの書にもあるように、つい二百年前までヨーロッパにおいては古代知識と錬金術と魔女はほぼ同義語であり、いずれも火炙りの対象であった。「隠された知識」を公けにするのは命にかかわる事だったのである。近代に入り、産業革命による新興ブルジョワジーの台頭、及びそれに伴う教会の思想支配の衰退と共に、例の「実存主義」同様、「オカルト」も又ようやく世の水面に顔を出してきたのである。十九世紀はいわば西洋神秘主義の文芸復興期「オカルト・ルネッサンス」の時代でもあった。

コリン・ウィルソンは「オカルト・ルネッサンス」の起点を、アメリカで「降霊術」の起こった一八四八年としているが、もちろんそれは暫定的な規定であり、私の観点からすればそれはむしろ、一八七五年マダム・ブラヴァツキーがアメリカで「神智学協会」を設立した時点を選ぶ方がふさわしいかと思われる。彼らは、ニューヨークの一画に堂々とオフィスを構え、それ以前ならおそらく「秘密結社」であっただろうものを社会の表舞台に浮上させたのである。

彼らが開示した「ヴェールを脱いだイシス」や「シークレット・ドクトリン」（秘教真義）を始めとする「チベットの秘密教義」は、その後またたく間に西洋世界のオカルト信奉者の間に広まっていった。もちろん一般的にはそれは荒唐無稽なお伽噺であり、その価値の重大性を知り、それを学ぼうとしたのはごくわずかなオカルティストたちに過ぎなかったが、しかしその中には、そこに秘められた潜在的な力に気づき、その知識を用いて世界を震撼させる事になる一人の人物がいた。アドルフ・ヒットラーである。

ドイツ・ナチ党はもともと西洋神秘主義の系譜を引く秘密結社「トゥーレ協会」をその母体としている。第一次世界大戦の敗戦で国家は疲弊し、政治は力なく混沌としていたというのが当時のドイツの実情であった。国民はこの苦しみから彼らを救い上げてくれるジークフリードのような英雄の登場を心ひそかに夢見ていた。そのような状況下にあって、いわばどさくさ紛れに台頭してきたのがこのドイツ・ナチ党であった。ナチ党が国会の過半数を占めた事は一度もなかったが、いつの間にかヒットラーはドイツの絶対的指導者となっていた。自称、ドイツ第三帝国の皇帝である。我が国でいえば、何かの間違いでオウム真理教の麻原彰晃が天下を取ったようなものである。厄介な事になるのは眼に見えていた。

伝統的な西洋神秘主義の知識と、更にチベットからもたらされた東洋の秘教知識を駆使して、ヒットラーを中心とするドイツ・ナチ党は世界制覇を夢見るほどにみるみる強大化していった。

考えてみてほしいのだが、一九一九年第一次世界大戦敗戦後、旧ドイツは「ヴェルサイユ条約」によって莫大な賠償金の支払いを義務付けられていた。(この支払は第二次大戦中一時中断されたが、二度目の敗戦後再び復活し、二〇一〇年にようやく完済されている。)という事は、当然の事ながら当時のドイツはひどく貧しかったはずである。しかしながら一九三九年ヒットラーが第二次世界大戦をおっぱじめたとき、彼らは既に強力かつ大量の兵器を所有していた。彼らが所有していた最新鋭兵器、メッサーシュミットやUボートやVロケット（空飛ぶ円盤も作っていたという説もある）などは一体いつの間に、どうやって作られたのであろうか？　その開発資金、開発技術はどこからやってきたのだろう？　いかにヒットラーの演説が巧みであったとしても、演説だけでは戦争には勝てない。もっと「実質的な力」を、ヒットラーはその登場時すでに有していたのである。

彼らがいつの間にか保有していた戦争遂行能力の謎と同じく、彼らの「戦争目的」もまた相当に謎めいたものである。同じ侵略戦争といっても、ヒットラーのヨーロッパ征服戦争と日本の陸軍による中国侵略とではいささか性格が異なる。日本の場合は明らかに金と物を求めての純粋な強奪行為であったと思われるが、ヒットラーのヨーロッパ侵略の背景には、圧倒的に優れた知識を有する優越人種による世界統一という狂信的な思想が隠されていた。

彼がユダヤ人を目の敵にしたのも、ユダヤ人も又、その神秘知識を歴史的に温存している「強敵」であったからに他ならない。今日中国共産党がチベットを侵略し、無力なラマ僧たちに過剰な弾圧を加えている事にも、おそらくこれと同様な事情が潜んでいるかと思われる（因みに、戦時中チベットはドイツの「同盟国」であり、多くの僧侶たちがヒットラーの「側近」としてドイツに迎え入れられている。）

そうした視点で第二次世界大戦を眺めるならば、ヒットラーの手法には、狂気と言えば狂気、ロマンと言えばロマン、どこか現実離れした、怪奇幻想的な匂いが色濃く漂っている事に気づくはずである。第二次大戦の「秘話」として語られている極端な例が、ヒットラーの命によって配備されたマルタ島の超長距離砲（これまたナチの「新兵器」である）の話である。

この巨大な大砲は「地球空洞説」の理論に基づいて「虚空」にその照準を合わせていた。「地球空洞説」とは、地球の表面を覆っている事になっている大陸と海洋が、実は空洞である地球の内側にへばりついているのだというオカルト的奇説である。ヨーロッパ大陸が、もしその説の通り地球の内側にへばりついているのであれば、空中の或る角度に向かって大砲をぶっ放せば、凹面の対岸であるイギリスのブリテン島にまっすぐに突き刺さるはずである、というわけである。その大砲が実際に発射されたどうかは知らぬが、もし発射されたとしたら、それは一体何処に着弾したのだろう？

そんなわけで、確かに彼らの有していた知識は時代を凌駕する強大なものであったかもしれないが、とはいえ、純粋に神秘学的に見れば、稚拙、もしくは未熟な知識でしかなかった、とも言える。そうでなければ、彼らは当然世界を征服していたであろうし、今頃は物心共に豊かな理想社会が世界に実現していたであろう。現実はそうはならなかった。彼らの暴走は、焦土と化した国土の上に、ユダヤ人を含む一千万人近い屍を生み出しただけであった。そして彼らの知識の遺産と言えば、核爆弾という厄介な代物だけであった。

これは余談になるが、実はこれと同様の悲劇を生み出しかねない「核の危機」的状況が過去の歴史の中にもあった、とルドルフ・シュタイナーは語っている。それは西暦六〇〇年頃のペルシャで起こりかけていた、という。当時ヨーコッパにおいては、西ローマ帝国は既に滅び去り、そこに存在する大国は、もはやユスティニアス大帝率いる東ローマ帝国ただ一国でしかなかった。そして西暦五六二年、サーサーン朝ペルシャは、その大国、東ローマ帝国と「和平条約」を結ぶが、それは実質的にヨーロッパを屈服させた事を意味していた。かくしてペルシャは世界最大の帝国となった。王ホスロー一世は国力の増大とともに文化面にも力を注ぎ、帝国南西部のジュンディーシャーブルという町に今日でいう「国立科学研究所」を設立した。たまたまその頃、東ローマ帝国が自国の国立科学研究所である「アカデメイア」を閉鎖したため、職にあぶれた科学者たちが、こぞってそのジュンディーシャーブルに集まってきた。文字通りの頭脳流出である。かくてジュンディーシャーブルの「ペルシャ国立科学研究所」には、当時の中東とヨーロッパの最高頭脳が集結する事になり、そこは七世紀における突出した知識集団となった。

それはどのくらい突出したものであったのだろう？　もちろんそこではナチ党と同じく「古代知識」の集約も行われていたに違いない。だとすると……シュタイナーは言う。そこでは既に今日でいう核分裂の研究も行われていた。原子爆弾の製造は、もはや手の届くところにあった……それは余りにも早すぎる。人間の理性はまだ原爆を取り扱えるほどには進化していない、このままで行くと人類はほどなく自滅へと向かう……と神々は考えた。そこで神々は、マホメットを遣わし、ジュンディーシャーブルのみならず、ペルシャ帝国自体をこの世から消し去った……これがシュタイナーの語るイスラムの登場とペルシャ帝国滅亡の歴史である……この説を念頭に置くならば、今日でも事実そうであるように、イスラムはその出現の当初から物質文明の進歩に対する歯止め役を担っていると言えるのかもしれない。

因みにその話の続きとして、ペルシャを追われたジュンディーシャーブルの「研究者」たちはその後再びヨーロッパに舞い戻り、かの「錬金術師」の祖となったという……そして結果的に、その知識の一部がドイツ・ナチ党へと引き継がれて行ったのである。

かように「神秘知識」とは深遠かつ強大で危険なものである。戦勝国アメリカは、原爆とミサイルの知識とともに、おそらくナチズムの知識の根幹、すなわち彼らの台頭を支えた「秘教知識」も又、密かにドイツから持ち帰ったにちがいない。もちろんそれは「危険な知識」として、一部権力者の間にのみ隠蔽される事になったであろう。

ドイツ・ナチ党は、中世で言えば紛れもない「異端」であった。そして「異端」を野放しにすればどんなに恐ろしい事になるか、西洋の施政者たちは骨身にしみて再認識したに違いない。秘教知識は再び「迷信」として、戦後五十年間、西洋世界の奥底に眠り続ける事になる。

そして次の時代の扉は、そのアメリカから再びゆっくりと開かれて行った。

戦後しばらくして、ヴァージニア州にあるAREという小さな組織が「エドガー・ケーシー」（1877–1945）に関する数多くの資料を出版し始めた。そこには「前世」の存在を「立証」する膨大な資料が詰まっていた。これらの出版物は各国で翻訳され、ケーシーの名は世界中に知れ渡った。

ケーシー自身は既に他界していたが、彼の存在は存命中から「ヴァージニアビーチの眠れる預言者」としてアメリカ国内では既に著名であったようだ。彼は当初「ヒーラー」として登場した。彼の手法は、まず「自己催眠」と彼が呼ぶ方法で横たわって眠りに入り、その状態で傍らのアシスタントの質問に答えるのである。アシスタントは多くの場合、全国から寄せられた難病患者たちの手紙を読み上げるだけであった。ケーシーは眠ったままその病状を聞き、彼らの身体を「透視」してその病因を探り、最後に「治療法」まで指示した。

ここまでなら、それは我が国で言う「お告げ」の範囲であり、恐山のイタコでも、沖縄のユタさんでも、これくらいの事は昔からやっている。ただ彼の名を高めたのは、その指示された治療法によって多くの患者が次々と「治って」いった事にある。ケーシー自身が患者に直接手を触れて治したわけではないので、幸い医師法に触れる事もなかったようだし、魔女として弾圧される事からも免れた。彼が助けた患者は一万四千件にも及ぶという。

そのうち彼の周りの人々は、彼の行なっている事は「ヒーリング」ではなく、「透視」であり「お告げ」なのだという彼の能力の特質に気づき始めた。だとしたら病気を治すだけでなく、もっと多くの「活用方法」があるはずだと。そして彼らは、今度は病気とは関係ない様々な事を聞いて来るようになった。例えば株価の変動や油田の在りかなどを。眠れるケーシーはそれらの問いにも誠実に答えたが、なぜかそれらの回答はことごとく外れ、質問者たちを落胆させたという。ただその事でケーシーの信用が傷つく事はなかったようだし、裁判沙汰になったという話もない。それは、ケーシーが「リーディング」（＝reading……彼の能力は最終的にはそう呼ばれた）の対価を、それほど高くは求めていなかった事にもよるかもしれない。（対価は任意の寄付制であったようだ）

そんな中で、あるとき誰かが自分の「ホロスコープ」を見て欲しい、という依頼を持ってきた。ホロスコープとは惑星や星座の配置を描いた天体図であり、いわゆる占星術師たちが相手の運命を占う時のチャートである。依頼者はその天体図を「読み取る」能力をケーシーに求めたのである。その質問に対し「眠れるケーシー」は、いきなり「あなたの前世は……」と語り始めた。これがエドガー・ケーシーの「ライフ・リーディング」（前世透視）の始まりであった。

その後彼が死ぬまでに行なった「ライフ・リーディング」は二千五百件に及び、中には、地理的、時間的に近いもの、歴史書に載っているもの等、すなわち「検証可能」なものまで含まれていた。検証結果は、いずれもケーシーの指摘と一致していた。「あなたの過去生」といわれた人物らしき者が、確かにかつて存在していたのである。人間に「生まれ変わり」がある事を、どうやらケーシーは証明したようであった。

これは余談になるが、ケーシーは彼が他界する少し前、第二次大戦のさなかにホワイトハウスに呼ばれている。そこで当時の大統領ルーズベルトから戦況の「未来」についで質問を受けたといわれている。その時ケーシーがどう答えたかは知る術もないが、考えてみれば当然同じ頃、ヒットラーも又、側近のチベット人僧侶に同じ質問をしていたに違いない。戦争中には、見えないところでそのような「透視合戦」も行われていたのである。

生まれ変わりの思想は、もちろんケーシーの専売特許ではない。インドにおいては、それは「常識」の範疇であり、仏教の教えなどはそれが前提となって構成されている。三千年経った今頃になってようやく、生まれ変わりはあるのか、ないのかと、西洋が騒ぎ始めたのである。

とはいえ、西洋世界にもたらしたケーシーの功績は大きかった。それはケーシー個人というより、彼の実績を、質量ともに説得力を持った形にまとめあげ地道に世に知らしめていったAREの功績と言っていいのであろうが、何と言ってもこの思想、もしくは情報が、東洋経由ではなくアメリカ発であった事、インドとは何の関係もない同じアメリカの一人の白人から発せられた事に最大の意味があった。生まれ変わりが独自の「身近な情報」として西洋世界に届けられたのである。

それまで、人生は一回限りのものであり、そのありようによって死後、永遠の天国か地獄が待っている、と聞かされてきた彼らにとって、この情報は朗報であり「福音」であった。何と言っても、これまでわずか八十年でしかなかった彼らの寿命が、突然、数万年近くまで伸ばされたのだから。（因みに、ケーシーのライフ・リーディングの多くは、一万二千年前のアトランチス時代をその起点としている。）とはいえ、仏教では生まれ変わりを「輪廻転生」と呼び、それを「永遠の苦しみの連鎖」という概念で捉えていて、そこからいかに脱却するかを説いているわけだから、この情報が果たして「福音」であるか否かは、まだまだ検討の余地のあるところではあるが……。

しかし西洋人たちはこの生まれ変わりの情報から、それに付随する多くの事を学んだはずである。例えば、私の言う「もう一つの知識領域」の存在や「肉体と魂の関係性」などをである。肉体という「乗物」を随時乗り換えながら、時代を飛び石伝いに体験して行く魂の旅は、「魂の独立性」という概念をこれまで以上にリアルに彼らに植え付けたはずである。

人生とは魂の旅なのだ！　……生まれ変わりの思想を受け入れた人々は、人生の背後にはどうやら深い意味と仕組がありそうだ、と感じ始めた。

ヨーガや瞑想、インドの文献や行法、グルと呼ばれる伝道師たちがアメリカに大挙なだれ込んできたのは、それから間もない事であった。そしてそれらの流れの中にあって、最大の宣伝マンとなったのが、ビートルズであった。

ビートルズの曲風は、明らかに前期と後期に明確に分けられる。前期はもちろんリバプールサウンズという強烈で軽快なロックである。その爆発的なインパクトと独特なハーモニーでもって、イギリスの片田舎から世界のビートルズへと驚異的な躍進を遂げるのだが、彼らがアメリカ公演、及び日本公演を終えた一九六五年あたりから、突然その曲風がバラード調なものへとがらりと変わり、「イエスタデイ」や「ヘイ・ジュード」、「レット・イット・ビー」といった名曲が次々と生み出されてくる。この間、すなわち一九六八年の一月、彼らは殺人的なスケジュールの合間を縫って、四人揃って北インドのリシケシュという町に向かっている。公演ではない。プライベートな旅である。彼らはその町のアシュラム（修行道場）で開催されているインドのグル「マハリシ・マヘッシ・ヨーギ」の瞑想合宿に参加したのである。その合宿は結果的には余り実を結ばなかったようである。彼らのリシケシュ滞在は、むしろ彼らの師マハリシと彼らを決別させるきっかけになったと言い伝えられている。

という事はそれ以前から彼らがかなり親密な師弟関係にあった事、彼ら四人がある時期からインドの瞑想行に親しんでいた事を物語ってもいる。一九八〇年ポール・マッカートニーが来日の際、大麻所持で空港の留置場に入れられたとき、四六時中瞑想をしていたというのは有名な話である。なぜか当時の週刊誌には、留置所の中の瞑想中の写真まで掲載されていた。

仲が良かったにせよ悪かったにせよ、このビートルズ情報は、彼らの師マハリシ・マヘッシ・ヨーギと彼の伝授する「超越瞑想」（Transcendental Meditation＝ＴＭ瞑想）の名を一気に世界中に広めた。

断食の体験を味わった後しばらくして、次に私が出会ったのがこの「ＴＭ瞑想」であった。

ビートルズとの関係については当初はまったく知らず、ただ当時読み漁っていたこの手の書物の中から、「これかな?」と感じて手に取ったのが、マハリシの書いた『超越瞑想入門』であった。読売新聞社の出版で、訳者は十菱麟であった。何故当時の読売新聞がこのような書物を出版したのか未だに不可解なのであるが、それはそれとして、この翻訳者の十菱麟氏については一言添えておきたい。実際の面識はないが、この有名人についてはあちこちから噂を聞いている。ほとんどすべて「良くない噂」である。もちろんあくまで「噂」の範疇を出ないが、ともかく奇行癖のある人物で、何かと方々で物議を醸していたようである。にもかかわらず、彼は翻訳者として恐るべき「目利き」であった。我が国における精神世界出版物の要所要所の「これ」といった書物は、そのほとんどが彼の手によって翻訳されている。エドガー・ケーシーをいち早く我が国に紹介した『奇蹟の人』の訳者も彼である。その意味で彼は我が国の草創期における精神世界のナビゲーターであり、開拓者であり、叙勲ものの功労者である。

そういう事情もあってか、この『超越瞑想入門』も後にTM協会によって別の訳者の手で改訳、再出版されるのだが、十菱麟が一九七〇年代にこの書物を訳した事に大きな意味と価値があったといえる。それにしても繰り返すが、読売新聞は何を思ってこの本を出版したのであろうか?

『超越瞑想入門』に書かれていたのは主として「人が正しく生きる方法」であり、そのための手段としての瞑想の紹介であった。「二〇〇%の幸福を実現する」というそのキャッチコピーには多分に「現世利益」的な要素もあり、現実的な魅力もあった。

私はすぐさまそれを学びに当時東京駅八重洲口のそばにあった受講会場へと向かっ

た。暗く薄汚いアパートの一室で、何人かの受講者が同席していた。講師は流暢な日本語を話す白人の青年であった。現在でこそ国内に十数万人の会員を持つ「ＴＭ瞑想」であるが、当時日本人のインストラクターはまだいなかった。彼はアメリカからやって来たＴＭ瞑想の伝道者であった。今日なら個人情報保護法違反になるかと思うが、「昨日は由美かおるが習いに来た。とってもきれいだった。」と彼は嬉しそうに語った。

この瞑想は「効いた」。それは当然かもしれない、何と言ってもこれは「レット・イット・ビー」を世に生み出した瞑想法なのだから。断食体験に勝るとも劣らぬ意識の拡がりと心の静寂を、私はこの「瞑想」によって獲得した。そして断食同様、体調から、皮膚の張りから、人相から、口調から、人格から、瞬く間に変貌していった。数年ぶりに会った知人は、若返りすぎた私を見て同一人物と納得する事ができなかったほどである。

マハリシ・マヘッシ・ヨーギ（1918–2008）の名は直訳すれば「ヨーガの聖者マヘッシ」である。つまり彼は「ヨーガ行者」であった。もともとはイラーハーバード大学で物理学を学んだ西洋的インテリであったが、卒業後、彼はインドの代表的教団「シャンカラチャリア派」の僧院に入り、十三年間の修行を積んだ。彼が何故ヒマラヤの地を発って遠くアメリカへと赴き「瞑想の伝道師」となったのかは定かではない。彼の言によると、瞑想中啓示が降りてきたため周囲の忠告を振り切って山を下ったとの事であるが、教団の何らかの意向に従って「外界」へ派遣された、と考えるのが自然であろう。因みに「マヘッシ」という彼の誕生名には、もともと「瞑想を売り歩く者」という暗喩が含まれているという話もある。彼もまた他の聖者と同じく、ただ天命に従い己の「運命」を生きただけなのであろう。

インド思想における「知識」の特徴は、それが「体験に基づく知識」だという点にある。インド的感覚から言えば、エドガー・ケイシーの書物を読んだからといって、その読者が生まれ変わりの知識を獲得した事にはならない。彼が真にその知識をものにするには、ケーシー同様、その生まれ変わりの現場を「体験」しなければならない。そしてそれが決して「幻想」ではなく、有無を言わせぬ「現実」である事を「実感」し「確信」しなければならない。これがインド流の認識の方法である。そしてその認識法を身につけるため、インドでは古代から様々な「行法」が編み出されてきた。その行法の一つが「瞑想」であり、そしてその瞑想法の中の一つがマハリシの「TM瞑想」である。

「瞑想効果」についてひとつひとつ数えだしたらきりがないが、一口で言えば「意識の拡大」である。宇宙飛行士の体験談によくあるが、成層圏から眺めた地球には国境線など引かれていなかったという。ありもしないラインの両側で互いがいがみ合っている事のナンセンスを彼らはそこで「実感」している。ここで「実感」というのは、インド流で「知った」という事を意味する。それも「ただ知った」という事である。(「知って行わざれば……」などと野暮な事をインドでは言わない。「知った」後は、ただ「起こる」のである。) 瞑想による「意識の拡大」というのは、このような静かな認識である。「ただ解る」のであり、「何故か解る」のである。その先に「だからどう」という思いはない。

瞑想を経験してよく分るのだが、多くの人々が人生を「表面」でしか生きていない。未だに人々は中世以前の西洋人たちのように、世界を平面としてしか捉えていない。自らの寄って立つこの地球が、球であり立体であることを正しく認識はしていないのだ。私が子供のころ周りの大人たちに感じた違和感、不足感というものの正体がこれであった。子供の私が直感したように、人生とは実はもっと深みを持った「立体的」なものなのである。瞑想をしばらく経験して行くとその事に（人生が表面だけでなく、その足元深くに「内部構造」を有している事に）「自然と気づく」ようになる。

もちろんその詳細について知る事は容易ではないが、しかしそこに生を「立体的」に眺める視点が生まれ、生の認識、及び生そのものに「深み」が加わる。これは先の「宇宙飛行士」の話を言い換えたにすぎないが、いずれにしろ、瞑想によって人生は根本的に変化する。それが私の「瞑想体験」であり、「瞑想効果」である。

さて、その頃の私の「現実的環境」はと言えば、たいして変わり映えはせず相変わらず貧しさの延長線上にいた。とはいえ、だんだんその事が気にならなくなってきてはいた。心が豊かになったから、かと言えば、別段そういう事ではない。正確に言えば、現実的事象に対してより冷静になり、より無頓着になっていったのである。

この観点から「現実」というものを定義づけると次のようになるかもしれない。我々が日常的に体験している「生の現実」とは、「至近距離」から観察された「現象」である。至近距離で見る「現象」は、事実以上の迫力を持って我々に迫る。又そのスピードも並ではない。今にも命が奪われそうな勢いがある。我々はそこで慌てふためき、恐れ、苦しむ。それが我々の日常的な展開である。そしてその対極にあるのが、先ほど述べた宇宙飛行士の視点である。そこから見れば国境線でどんな血なまぐさい争いが起こっていても青く美しい地球にしか見えない。彼は静かにその美しさを味わう。

もちろん、それが良い事なのか悪い事なのか、一概に言い切れない面はある。もし自らの視点を成層圏レベルに固定してしまうと、人の生き死にに対しても無頓着でいられるようになるかもしれないからである。一つの事実として、ヒットラーや、瞑想オタクの麻原彰晃が陥った視点がこれである。ヒットラーと同世代にあったルドルフ・シュタイナーが「瞑想の修行には、それと併行して道徳的規範を身につける事が絶対に不可欠である。」と口をすっぱくして説いたのも、まさに瞑想の持つこの大きな危険性を周知していたからに他ならない。彼はヒットラーの事をよく知っていたのである。

（この確執もあってシュタイナーの本拠地であり、彼の設計した歴史的建造物でもあったドルナッハの「第一ゲーテアヌーム」はナチの焼き討ちにあい、シュタイナー自身も食事に毒を盛られて、その寿命を縮めている。）

要はパースペクティヴ（遠近感）、もしくはバランス感覚の問題であるのだが、瞑想者が一応心しておかなければならない問題点であるかと思う。

マハリシの『超越瞑想入門』は、マハリシ個人の思想というより、彼の学んだ

「シャンカラチャリア派」の思想を、瞑想を軸にまとめ上げたものである。ただ彼は西洋の物理学を学んできた人物でもあったので、その論理展開はかなり現代的で理解しやすく、「存在」のありとあらゆる側面についての解釈が簡潔な言葉で網羅されていた。『超越瞑想入門』の原題は「The Science of Being and Art of Living」（存在の科学と生活の技術）である。

その「科学」と「技術」の中心に位置するものは「自然法則」というインド哲学独特の概念であった。それは「存在」が根本的に内包する「展開の流れ」の事である。瞑想を日々実践する事により、人の想念は次第にその「自然法則」と共鳴して行き、自ずと自然の流れに沿った「抵抗の少ない」人生を歩む事になる。それはすなわち我々の現実生活から余計な苦しみを取り除く事になり、「二〇〇％の幸福」の片方の一〇〇％である「現実生活の幸福」を実現する事になる。しかも、その「目的」は何か知らぬが、その道筋は「存在の目的」に沿ったものであり、人は日々瞑想する事により、その「目的」に確実に歩み寄って行く事になる。というより、瞑想を伴った生活そのものが「目的」と同化した人生となるのである。それがマハリシの語る「生きる目的」であった。彼はそれを「進化」と呼んだ。

ここで言う「自然法則」を敢えて西洋の概念で言うならば「予定調和」のようなも

のであろう。その「法則」は「方向性」を持っている。その点が西洋の「神の手による予定調和」の理念と重なり合う。ただ、それが「調和」であるとは、マハリシもインド哲学も一言も言っていない。「究極の調和」を夢見ること自体が、西洋思想の「幼さ」を物語っているのかもしれない。何故なら「究極の調和」とは事実上「展開の停止」を意味するからである。良きにつけ悪しきにつけ、世界はそこで終わってしまう。「自然法則」の流れの先に待っているもの、そのベクトルが示す延長線上の極点に一体何があるのか、その点に関してはマハリシは敢えて言葉を濁しているかのように私には思われた。まるで、それを語るとすべてがぶち壊しになってしまう、とでも言いたそうだった。

彼は「当面の目標」についてのみ語っている。マハリシが示す当面の目標は、彼が「宇宙意識」（universal consciousness）と名付けたものであった。その先には「統一意識」や「神意識」という名の、現時点では与り知らぬ意識状態がまだまだ存在するらしいのだが、いずれにしろ、日々瞑想を実践し「意識の拡大」に努めていけば、いずれその内「宇宙意識」に到達し、その地点からならば又その先にある世界を遠望できるであろう。

それに到達できるかどうかは分からないが、この瞑想行の先にこそ「解答」が存在する事に私はもはや疑いを持たなかった。金のない現実というのは相変わらず厄介なものではあったが、とりあえず真面目に瞑想を続けながら、穏やかに現実に付き合って行くというライフスタイルが私の中で確立していった。そのうち現実も、いいように変わって行くだろう……ゆっくりとした足取りではあったが、確かに着実に、私の環境もそのように変化していった。瞑想は現実も変えるのである。

マハリシは二〇〇八年に他界しているが、私は一度、生前のマハリシに会っている。それは一九八〇年前後であったと思うが、彼が初来日した際、大勢のＴＭ関係者と一緒に羽田空港に出迎えに行った。マハリシは数人のお付きを従えて到着ゲートからゆっくりと現れた。インド風の純白の僧衣に包まれた彼の存在は、確かに映画の画面から抜け出したような、何処か非現実的なオーラを帯びていた。私たちは順番に彼の前に進み出てそれぞれ一輪の花を手渡した。私も用意した花を手渡し「お目にかかれて光栄です」という意味の言葉を掛けた。マハリシはただ微笑して頷いただけであった。非常に小柄な人物であった。その後ホテルオークラへ行き、彼の部屋で数十人の瞑想者たちを相手に来日のレクチャーが行われた。レクチャーの内容は覚えていない。何かしきりに「神殿を建てろ。それはＴＭ瞑想の重要な象徴となる。」というような事を言っていた。その数日後に行われた大会場での講演会にも出席したが、総じて私の「マハリシ個人」に対する印象は希薄であった。人格的重厚さは余り感じられず、何か情報のメッセンジャーのような印象だった。後日マハリシのお世話係をした者の話だと「ともかく人使いが荒く、せっかちで我が儘で参った。」とぼやいていた。意識レベルの違いがスピード感にも現れているのかもしれないが、考えてみれば十数年間、僧院という「徒弟制度」の中で暮らした人物である。人使いが荒くて当然かもしれない。そんなこんなで、マハリシといえども別段宇宙人のように我々とかけ離れた存在というわけでは必ずしもない、というのが、彼と会った事によって私が得たグル一般に対する認識であった。

　だからというわけではないが、こんなありがたい行である瞑想も、余り長い事やっていると次第に「飽きて」くるものである。もっと効率的な行法があるよ、と言われると、そりゃあ確かにあるだろうと、つい隣の芝生を覗いてみたくなる。

　良きにつけ悪しきにつけ、「意識の拡大」を経験した瞑想者たちは、より確実で、より迅速な「宇宙意識」への到達法をついつい模索し始めるものである。これが仏教で諭す「欲」である。仏教ではそれを「法着（ほうじゃく）」と呼んでいる。いわゆる「進化欲」である。僧院で修行に励む僧侶たちは、その行を通して日々己の中の「煩悩」（各種の欲望）を削ぎ落として行くのであるが、最後に残るのがこの「法着」であると言う。一日も早く「悟り」に到達したい、周りの誰よりも早く悟りたい、という思いに彼らは悶々とする事になる。こうなってくると僧院も進学予備校と変わらない。この「欲」は最後の、そして最も強力な欲であり、それ故、仏教では修行僧たちに「法着」へ陥ることの危険性を常に喚起しているのである。そんな法着の誘惑に乗って、私の瞑想仲間の中には「オウム真理教」に入会して行った者も何人かいる。その後彼らはどうなったのであろうか？

マハリシとＴＭ瞑想（超越瞑想）の名が世界中に拡がっていくのと併行して、様々な「教祖」たちが、我が国を含め世界中至る所で名乗りを上げてきた。もちろんそれらは玉石混淆ではあったが、その中に「玉」らしきものがないわけではなかった。

私が次に出会ったのは「スブド」（＝Subud……ブードゥーではない）であった。「スブド」は「ババ」と称するインドネシア人が神の啓示を受けて興したという霊的団体で、「ラティハン」という行法を実践していた。

私がこの団体の存在を知ったのは、関東で行われた「瞑想合宿」の帰途であった。数日間の瞑想漬けの合宿であったが、その数日間で一人の若い女性がピカピカの美女に変貌したのを目撃したりして、改めて瞑想効果の凄さに感服していた最中であった。途中東京に立ち寄り、何人かの知人を訪ねたが、その中の一人に私が昔から一目置いている瞑想の先輩がいた。久しぶりに会った彼は、想像通り以前より一層若返り、元気そうであった。しかし話を聞くともうＴＭはやっておらず、今彼がいそしんでいるのは「スブド」の「ラティハン」だという。「何、それ?」という話から始まり、私は「スブド」のイニシエーションを受ける事をその日の内に決めた。ＴＭ瞑想の合宿に行ってその帰りに「スブド」に出会うのも「自然法則」の流れの一つかもしれない。瞑想は時には、瞑想を捨て去る運命を選ぶ事もあるのだ。

というのが、その時の私の理屈であった。勝手な理屈であったかもしれないし、一つの真実でもあるかもしれない。それはその後の「結果」で自ら確認するしかない。ただ、そうした理屈のもと、結果的に私の尻は次第に軽くなり、「精神世界マニア」として「各種団体」にいろいろと首を突っ込む事になる。

私はその頃東海地方に住んでいたので、東海支部でスブドのイニシエーションを受ける事になった。料金は無料であった。しかし、それを受けるまで三ヶ月間の「待機期間」が必要だという。その間参考資料として、何冊かの書物を渡され、また紹介されたが、その中に、またもや十菱麟の手による『二十世紀の奇蹟―スブド』『ＡＺのスブド』なる書が含まれていた。

待機期間の三ヶ月を経て、私はようやくイニシエーションの場に臨んだ。「スブド」は一応世界的な組織ではあったが、その規模は小さく、何かにつけて質素な団体であった。もちろん独自の「会館」などは持ち合わせておらず、イニシエーションは時間貸しの公共施設の一室で行われた。

部屋はかなり広く、そこに数人の「ヘルパー」(彼らはインストラクターのことをそう呼んでいた。指導者は神一人であり、他の者はただその手助けをするだけだ、という考え方であった。)が立っていた。私は彼らの前に気をつけの姿勢で立った。気持ちと身体をリラックスさせ目をつむるようにという指示があり、それから照明が消された。「それではラティハンを始めます。」と誰かが宣言し、そこから沈黙が訪れた。目を閉じたまま私は静かに待った。何が起こるのだろうか、あるいは何も起こらないまま「はい、終わりました。おめでとうございます。」とでも言われるのだろうか、などと、静寂と暗闇の中で私は考えていた。その状態が、十分か、二十分続いたであろうか、私は、私の右手がゆっくりと上方へ持ち上げられるのを感じた。それは再び下方へゆっくりと下ろされ、次に左手が同じような動作を繰り返した。それが終わると今度は両手が同時に持ち上げられ、頭上で合わされた後、そのまま胸元へ下ろされそこで止まった。合掌のポーズであった……「ラティハン」とは、話に聞いた「霊動」の事であった。

「霊動」と言っても、別段「エクソシスト」のように何かの「霊」が取り憑いて悪ふざけをするという事ではない。「霊動」は基本的に「浄化現象」であった。瞑想中にもそれに類似した現象は起こっている。もちろん瞑想の途中で突然立ち上がって歩き出すというような事はないが、それでも結跏趺坐を組んだ姿勢で上半身が前後左右に動いたり、旋回するというような事はしばしば起こった。瞑想の場合はその動きを、霊的身体である「チャクラ」の調整が行われているのだと解説していた。ただそうした自然発生的な「霊動」とは別に、「超越瞑想」には、さすがに「超越」と言うだけあって、ちょっとした「裏技」もあった。かの「空中浮遊」である。「浮遊」という言い方は実態からするとやや大げさな表現ではあるが、超越瞑想ではそれを「フライング」と呼んでいる。結跏趺坐を組んだまま、体が上方に（浮き上がるのではなく「跳ね上がる」のだ。これは自然発生的と言うより、ヨーガのテクニックを用いた「人為的」なものであるが、とはいえ決して筋肉運動によって「跳び上がる」わけではない。ある内的エネルギー（それはヨーガで「クンダリーニ」と呼ばれるエネルギーだが）を触発して尾骶骨のあたりから体を突き上げるのである。ロケットの打ち上げのような理屈である。何のためにそんな事をするのかというと、そうした「霊動」を起こすこと自体が、内部の「浄化」に絶大な効果をもたらすのだという。「ラティハン」の「霊動」と同一の見解であった。それにしても、ラティハンの「浄化現象」は凄まじかった。

ラティハンは原則として週に二回、男女別の集団によって行われたが、日を追うごとに私の「霊動」は何だか凄い事になって行った。例えば、私の体は独楽のようにクルクルと回り始めた。並のスピードではない。もし途中でその動きを意識的に止めようものなら、その慣性力でもって壁に打ちつけられたであろう。意識的に止めなくても、目をつむって回っているので、いつ壁にぶち当たってもおかしくなかった。おまけに周りでは暗闇の中を何人もの仲間がうごめき回っているのである。その回転が自然と静まるまで、私は不安と緊張の中、グルグルと回り続けた。後にそれがイスラムの代表的な神秘テクニック「ダーウィッシュ・ダンス」に類するものである事を知った。一度テレビでそのショーを見たが、それでも彼らの回転は私の「ダンス」に比べればとても「緩やかな」安全なものであった。

そのうち「声」や「言葉」が出てくるようになった。それもやはり並の声でも、並の言葉でもなかった。声はオペラ歌手顔負けの美声である。歌手たちはこうやって声を出すのか、とその発声法は実感できたが、いったんラティハンが終わってカラオケで試してみても、そこではそのような発声はできなかった。「言葉」は更に不思議であった。私の周りからチベット語のお経が聞こえて来たりした。誰かが勝手に喋っているのだが、彼にチベット語の素養などあろうはずがなかった。もちろん私とてチベット語を知るわけもないのだが、彼が大きな声で淀みなく喋り続けるその言葉が、古代チベット語による経文の朗唱である事が何故か解った。私自身と言えば、いつしか「宇宙語」を喋り始めていた。新約聖書にも書かれているが、キリスト教徒の集会の中では参加者の一人が突然立ち上がり、神のお告げとして、しばしば「異言」（いげん＝英訳ではtongue's giftという）を語り始める事があるという。ある神父の話では現代の教会でも時折そのような事が起こるそうである。私が語り出したのは、その「異言」もどきであった。因みに我が国の「神道」にも同じような現象が存在するらしく、それには「口切り」という名前がつけられている。

「異言」はその後、日常においても随時出てくるようになり、又その翻訳も可能になった。それが果たして「神のお告げ」であるのかどうかは未だに大きな疑問であるが、取りあえず「霊界通信」の一ツールを私はラティハンによって授けられた。

「スブド」は、オランダ領東インド（現在のインドネシア）のスマランという町に住むムハマッド・スブー（後のバパ、1901–1987）という当時二十代の市役所の一職員の霊的体験から始まっている。一九二四年のことである。夜、ベッドに横たわっていたとき、彼は突然「内なる光」を見た。自分の体内がすべて光で満たされ、実際に「透けて見えた」という。その現象は数分で収まったが、次に自分の体が勝手にベッドから起き上がり部屋の中を歩き出すという事象に直面した。彼の足は部屋の中ほどで止まり、それからイスラムの礼拝を、体が勝手に行なった……それはイニシエーションで私に起こった体験とほぼ同じであった……礼拝が終わると体はベッドに戻り、彼は眠りに就いた。この間彼の意識ははっきりと目覚めていて、自分の体に起こっている事に、ただ驚き、当惑していた。その後一千夜、この「霊動」は続いたという。その一千日の間に起こった事は、ただ体が勝手に動くという事だけではなかった。その霊動の最中、彼は目覚めた意識で様々なビジョンを見、神と存在に関する多くの深い認識を得た。そしてついに一九三二年、彼はイスラムの始祖マホメットと同じく、「昇天」の体験をしたという。「神に会った」のである。この日から「スブド」の活動が対外的に開始された。

インドネシア人の「ババ」はもちろんイスラム教徒であるが、この体験を見ると、歴史的には（ババ自身は否定しているが）彼が旧約聖書に登場する「預言者」の流れを汲む人物であることが分かる。イスラム的観点から見れば、イエスもマホメットも神に選ばれた「預言者」の一人なのである。

そして「ラティハン」は、神から授けられた「浄化テクニック」であった。「Subud」はサンスクリット語の「Susila Budhi Dharma」の略で「正道」「霊性」「全託」（これが必ずしも正確な訳語ではないかもしれないが）といった意味を持っている。己のマインドと肉体を浄化し、神の意志に沿った人間本来の「質」を獲得するのがラティハンの目的であった。「浄化法」という意味では、超越瞑想や禅と基本的な差異はなかった。ただ他と違って一つ特徴的な点は「事が勝手に起こる」という事であった。瞑想も又、じっと息を潜めていれば事が勝手に起こるのではあるが、そこへ行くまでには「マントラ」（真言）だとか、呼吸法だとか、多少の人為的テクニックが必要である。つまり瞑想も禅もヨーガも（そして「空中浮遊」も）、人間が頭で考え出したテクニックがどこかで介在している。これに対してスブドの「ラティハン」は、誰も、何も考えずして生まれたテクニックなのである。というより、それは「テクニック」ですらない。これは侮れない事実であった。

後年、私はかのラジネーシの（ラジネーシについては、また後ほど述べるが）プーマのアシュラムに暫く滞在し、そこで彼の考案した様々な「瞑想法」を体験してみたのだが、それらのテクニックのいずれもが結局はこの「ラティハン」（自然霊動）を喚起するための前戯的テクニックに過ぎないという事が分かった。ラジネーシに限らず、瞑想法の多くが、この「自然霊動」を起こす事に汲々としているのだという認識を私はそのとき持った。それでいてラジネーシはババの事を「無教養な三流の神秘家」とこき下ろしているのであるが……。

（この「霊動」は、我が国の「野口整体」において「療法」として活用されている。野口整体では何らかの方法で患者に彼らが言うところの「活元運動」（霊動）を起こさせ、患者「自らの動き」によって患部を修復するのである……ラティハンが「治療効果」を持っている、とはスブドでは公けには謳っていないが、継続的なラティハン行によって腰痛が治ったり、脚力が戻ったり、といった事例は数多くある。）

スブドの組織はその告知手段も含め、全般に慎ましいものであるが、それでも一応世界七十ヶ国に支部を持っている。この団体がインドネシアの片田舎から西洋世界へと広まった大きなきっかけは、イギリスのJ・G・ベネットの働きによる。J・G・ベネットはロシアを代表する神秘家グルジェフの直弟子である。彼は英国の秘密情報部で働いていたエージェントでもあったという。その地位を生かしてか、ロシア革命の戦乱を逃れてイスタンブールに亡命していたグルジェフを西欧に逃れさせる手助けもしている。ただグルジェフがヒットラーのブレインであったという噂もあって、ベネット自身が逆に当局に監視される立場に立った時期もあったようだ。一九四九年のグルジェフの死以降は、彼は残されたグルジェフの弟子たちを相手にロンドンで神秘的ワークを行なっていた。

そこに現れたのが渡英中の「ババ」であった。ババはベネットに「ラティハン」を伝授し、更にたまたまそこに居合わせた女性、臨月で死産の危機にあった女優のエヴァ・バルトーク及びその胎児を「祈り」でもって救った。それを見たベネットは、彼がグルジェフの予言した東方からの救世主「アヴァター」だと「勘違い?」(ラジネーシの言による)した。そこから世界中にまたがるグルジェフの弟子たちがこぞってラティハンの「オープン」(スブドではイニシエーションをこのように呼ぶ)を受け、「スブド」は世界的な規模の組織となっていった。

(余談だが、今ではスブドよりも有名になった「オーラ・ソーマ」も、その発端は、ロンドンで開かれたスブド世界大会のワークショップで、当時スブド会員であったイギリス人女性ヴィッキー・ウォールドが披露したものである。)

ババの語るスブドの「教え」は極めて単純である。「ラティハン教」と言っても良い。まず「神に繋がらない限り人生は無意味だ」と、ババはあっさり言い切っている。それ故、人は日々「ラティハン」に励み、己の中の「ジワ」（霊性）を活性化させ、常に神と繋がった人生を生きねばならない、という事になる。これは同じく「瞑想教」とでも言うべきマハリシのスタンスと一致する。「瞑想」を通じて「存在」と繋がり、「自然法則」に沿った人生を歩みなさい、さもなくば人は「フットボールのボールのような人生」を送る事になってしまう、と彼は『超越瞑想入門』の中で述べている。

コリン・ウィルソンも『オカルト』の中でTM瞑想、及びスブドについて触れ、それらが同質の行法であるという見解を述べている。（彼もまた、これらの行法を「体験した」のである。）特にスブドの「ラティハン」に関しては、「基本的な神秘体験」と述べ、行法というものの最も単純なエッセンスがここにある事を示唆している。

私もまったくこれと同意見であるが、それ以上に、私の体験したものにコリン・ウィルソンもまた期せずして着目していたこと自体が、私が『アウトサイダー』の正当な読者であった事を暗に証明しているようで、何となく嬉しかった。『アウトサイダー』から出発した「私たち」は同じ地平へ進み、そしておそらく同じ「宝」を掘り当てたのである。

但し『アウトサイダー』が結局はそうであったように、コリン・ウィルソンはこの書『オカルト』においても「何かを解き明かした」わけではない。（彼の特質は基本的には「コレクター」である。）特に『オカルト』においては『アウトサイダー』には見られなかったある種の「遠慮」もしくは「慎重さ」がそこそこに垣間見られる。存在の核心へと踏み込んで行く突進力、論理的掘り下げが『アウトサイダー』に比べ何となく手ぬるいのである。

これには、止む無きかな、と思えるところもある。私の経験からしてもよく分かるのだが、オカルトを含む神秘領域において、何らかの形而上的結論をうっかり下すのは、相当にリスキーな事なのだ。というのも、この領域において彼が何を見出し、何を確信しようとも、その「結論」は彼の思い及ばぬところで常に何らかの「欠陥」を有しているだろう事を、彼はどこかで承知しているからである。

古今東西、存在の謎を「解き明かした」者など誰もいない。「存在、存在」とのべつまくなく語り続けたハイデッガーですら、結局のところ「存在の円周」をぐるぐる回り続けたに過ぎない。「群盲、象を撫でる」ではないが、テレビに登場する「霊能者」たちはもちろんの事、歴史的な賢者や聖者たちが語る「存在の真実」ですら、いずれもそれぞれが見て触れた存在というジグソーパズルの「ワン・ピース」に過ぎない。未だかつて存在の「全体像」を語り得た者は誰もいない。それこそ全知全能の神でない限り、その視点には立ち得ない。

それを生業としている「教祖」なら、多少のハッタリは承知の上で何かを「言い切る」事はできるかもしれないが、少なくとも神秘の「研究者」においては、己のたどり着いた「結論」に常に「慎重」である事はむしろ誠実な態度なのである。

従って、ここで重要なのはコリン・ウィルソンが「何を解き明かしたか」ではなく、あの『アウトサイダー』の著者が『オカルト』へとたどり着いたというその事実にある。先に私は『アウトサイダー』について「然るべき知性、然るべき感性の持ち主が人生を誠実に追求して行くならば、遅かれ早かれこの結論に到着する」と述べたが、それと同じく「然るべき知性、然るべき感性の持ち主が人生を更に誠実に追求して行くならば」実存主義の地平の向こうに、この「神秘主義」の黎明を必ずや見出すに違いない、という確信をこの『オカルト』においてコリン・ウィルソンは再び私に与えてくれたのである。

もともと「実存主義」はその出発からして「神秘主義」と無縁ではない、という事もできる。「実存」という日本語はドイツ語の existenz（エグジステンツ）の訳語であるが、語源的には古代ギリシャ語のekstasis（エクスタシス＝外に立つ事）から来ており、英語のexit（出口）やecstasy（恍惚）の同類語である。つまり「出る」もしくは「外に立つ」という意味がその語の元であり、それ故existenz（実存）の事を「脱＝自」と訳す場合もある。では「脱＝自」とは一体どういう事なのであろう？……それは実は「入神」の意なのである……自分の肉体から「出る」事は自分の肉体に神が「入る」事を意味していたのである。古代ギリシアではそれをumio mystica（ウミオ・ミスティカ＝神秘的合一）と呼んだ。

この入神（脱＝自）体験の最も象徴的な神話が、ニーチェが『悲劇の誕生』でも取り上げた「ディオニュソスの祭典」である。ディオニュソスはギリシア神話における酒と竪琴の神である。後にローマにおいてこの神はバッカス神となり、それ故この祭典は別名「バッカスの饗宴」とも呼ばれているが、ディオニュソスが「酒と竪琴」の神である事からも推察されるように「バッカスの饗宴」とは飲めや歌えのらんちき騒ぎの事である。とはいえ、ただの馬鹿騒ぎでもない。それはあまたの信者たちがディオニュソスの竪琴を聴き、彼の提供する神酒を飲む事によって、その霊魂が肉体から離れ（出て）、神我一体の恍惚状態になり、まさにエクソシスト（exorcist）もどきの狂乱状態に陥る現象を指している。

（こうした「入神」現象は、宗教界においてはそれほど珍しい事ではない。我が国においても「神憑り」という言葉が普通に使われているくらいで、かつてＮＨＫでは出雲の大元神楽における神憑りの様子を子細に放映していた……スブドの「ラティハン」も広い意味では「入神」である。）

ではこの恍惚状態と実存主義は一体どういう関係にあるのだろう。共通している点は共に「アウトサイド（外）に立つ」という事である。肉体の外、自我の外、地上という現実の「外に立つ」と何が起こるか？　ディオニュソスの信者たちには神我一体の恍惚状態が待っていた。彼らは「神の場」にワープした。彼らはそこで神の光を浴び、存在の至福を味わい、その外側から現実世界を眺望する事によって生が全的に肯定されるべきものである事を知る……それは話に聞く「トリップ」によく似ている……神秘的、もしくは宗教的な「行」においてドラッグが用いられる事はよくある。名高いところではイスラムにおけるハッシシがあるが、インドのヨーガ行においても、修行によっていずれ到達するであろう「悟り」の境地を「前もって垣間見させる」ために薬物を用いるテクニックが存在する。ドラッグはやはりそれなりに「効く」のである。しかしながらドラッグの場合、しばしば「トリップし損ねる」事がある。そうなると今度は何が起こるか？　……十九世紀の「実存主義」において起こった事は、ほぼこれに似た現象であった。

　実存とは、そもそもは「入神」の意であり、「現実」の外に立って「神の視点」から存在の実態を眺める事を意味していた。ところが「実存主義」はその当事者である「神」の存在を否定したため、同じ「外側」（アウトサイド）であっても、「神抜き」の視点から世界を眺める事を余儀なくされた。それはかなり「窮屈な」視点と言えた。彼はその視点から「外側」の「光」ではなく、「裏側」とでも呼ぶべき「存在の闇」を見る事になってしまった。かの「アウトサイダー」の視点である。彼がそこに見たものは、文字通り「現実存在」（実存）という名の無意味な地上絵図であり、そしてその世界をあたかも抜け殻のように朦朧とさまよい続ける無価値な自分自身の姿であった。（いみじくもパパは「神とつながらない限り人生は無意味だ」と言い切っている。）それは決して幻想ではなかった。それはそれで「生の真実」に違いなかった。彼は「外に立つ」事によってそれなりの「真実」を見た。そして彼の「誠実さ」は、その「真実」と向き合いながら「この世」を生きる事を彼に強いた……しかし、彼はやはり何かを「見損ねた」のである。

「神は死んだ」という過激な言葉をニーチェが吐いたのは、それまでの西洋思想が余りにもキリスト教という「神の思想」に偏りすぎていたからに他ならない。それを修正するには「反キリスト」という思い切った提言を掲げるしかなかった。ヘーゲルの弁証法的手法である。しかしその歴史的提言の代償は小さくはない。実存主義者たちは「神のいない世界」を構築するというその試みの中で結局「地獄」を目撃する事になった……「極論」の成せる業である……彼らはここで今一度「実存（脱＝自）」の原点に立ち戻り、「入神」との折り合いをつける必要がある。

さて『オカルト』ではまったく言及されていないが、マハリシと並ぶ世界的タレントグル「ラジネーシ」についてもこの辺で語っておかねばなるまい。

世界中に翻訳されたその出版物の膨大さから、西洋世界における彼の知名度はおそらくマハリシを凌ぐものであったと思われるが、後年自らOshoと称した「バグワン・シュリ・ラジネーシ」（1931–1990）は、「光明を得た人」というキャッチフレーズのもと、一九七〇年代からインドのプーマの広大な敷地にアシュラムを構え、毎日そこの大ホールで講話を行い続けた人物である。そこには、インド人の信奉者に加え、西洋の知識人、そして精神世界ヒッピーとでも言うべき、西洋社会からはみ出した多くの流浪の若者たちが集まって来た。彼らは文字通り「救いと解放」を求め、貪るように彼の講話に耳を傾けた。それほど彼の語り口は「西洋向き」であったのだ。

ババの事を「無教養」と言うだけあって、彼自身はジャバルプール大学の哲学教授を務めたほどのインテリであった。おまけに「光明を得た人」である。彼の講義はその辺の大学の哲学や宗教学の授業を遙かに凌駕する卓越したものであった。世界各国の古典的文献、聖書や仏典等の宗教書、哲学書や神秘学文献をテキストとして、他では決して耳にする事のない「真理の解説」を彼は堂々と論じた。その一方で、彼が「紛いもの」と睨んだ宗教家や神秘家に対しては、歯に衣着せぬ毒舌でもって臨んだ。ババの無教養呼ばわりなどほんの手始めで、TM瞑想などはただの睡眠薬に過ぎないと断じ、そもそもマハリシはスードラ（インドの最下層民）の出なのだとか、今のローマ教皇は同性愛者だとか、ルドルフ・シュタイナーはクリシュナムルティーに嫉妬して神智学協会を離脱したのだ、等々、相当に無茶苦茶な事を言い放った。ただ、さすがにイスラムの悪口だけは避けた、という話である……命に関わるから。

そうした口が災いしてか、一九八一年彼は教団ごとインドを離れ、アメリカのオレゴン州に移住する事になるが、そこで又、またたく間にアシュラム「ラジネーシプーラム」を作り上げると、その周りに五千人近い信者たちを住み着かせ、町としての地方自治権を獲得するまでになった。（因みに、オウム真理教が熊本県の寒村で同様な事を試みているが、これをヒントにしたものである。数にものを言わせて彼らは村議会を乗っ取りかけた。)

もちろんこのやり方はオウム同様、近隣住民の反発を買い、最終的には数々の法的ごたごたを起こした後、渡米後五年でアメリカを追われる事となる。一九八六年インドに戻った彼は再び講話の日々を送る事になるが、四年後の一九九〇年一月、五十九歳でこの世を去った。

この間彼がヒンズー語と英語で行なった講話は逐一各国語に翻訳され、世界中で出版された。その数はおそらく数百冊、部数にすれば何千万部にもなるのではないだろうか。アメリカに独自の町を作れるくらい彼の教団はリッチであった。「物の価値にすがる事の無意味さを示すため」と言って、六十台のロールスロイスをまとめ買いしたというのは有名な話である。

ともかく精神世界業界の一部からは、彼の放った毒舌の百倍ぐらいの勢いで猛烈に悪口を言われているのだが、それにしてもこのラジネーシという八方破れな人物は、ある意味では十菱麟氏と同じく、精神世界の一つの典型をなすキャラクターなのかもしれない。本物にせよ偽物にせよ、その魅力で一世を風靡したグルであった。

私自身も「TM協会」から「ラジネーシにだけは近づくな。」と釘を刺されていたのでプーマに足を運ぶ事はなかったのだが、彼の死後数年してひょんな事からそのアシュラムを訪ねる事になった。やはり一度は見ておきたかったのである。

マハリシを真っ向から否定しているにもかかわらず、私はラジネーシの講話の「愛読者」であった。ともかく彼の話は興味深く、面白かった。一時はラジネーシとシュタイナーの著作しか読まなかった時期があるくらいだ。それに彼の書物を読んでいると自分が瞑想で何をやっているのかがよく理解できた。また逆に瞑想の体験を踏まえてのみ、彼の語っている言葉がスムーズに理解できるという事も分かった。それらは私の中では「実技と座学」とでも言うべき互いに補完し合う関係にあった。アプローチの仕方が異なるだけで、両者とも結局は同じ事を言っているのだ。彼とマハリシの確執は、同じインド思想内の単なるセクト争いに過ぎないように思われた。

ただ如何せんラジネーシは伝統の系譜に属さない、どちらかと言えば一匹狼のグルであったため、瞑想の「テクニック」にはさほど精通していなかった節がある。彼は自分の手で「ダイナミック瞑想」を始めとするいくつかの瞑想法を考案しているのだが、その「効果」に関しては疑問符が残る。私は多くのサニヤシン（ラジネーシの弟子）たちに出会ったが、彼らが瞑想の恩恵を享受しているとは到底思えなかった。そして実際に私がアシュラムで体験した瞑想法も、先に述べたように「ラティハンもどき」の初歩的なものでしかなかった。

ラジネーシは同じ「光明を得た人」でも、理論派であり、そして巧みな「語り部」である事に特徴があった。私から見れば、彼は三島由紀夫に似ていた。その語り口は明晰で、かつ詩的で、楽しく、美しかった。それが語られた言葉であり、翻訳された言葉であるにもかかわらず、彼の文章は文体的にも見事であった。「信仰はアートである」という一文で始まる『モジュッド』などは、『デーミアン』や『海と夕焼け』に勝るとも劣らぬ秀逸の一編である、と私は思う。その視点から見る限り、私は彼が「光明を得た人」である事を疑わない。

ところで彼の「思想」であるが、彼は数多くの古典を題材にして多岐にわたるレクチャーを行なっているが、結局のところ、彼はそれら古典の権威を借りて、約二十年間、「たった一つの事」を言い続けたに過ぎない。彼は「たった一つの切り口」でもって、無数の古典を料理したのだ。その切り口とは「ただ在る」という事であった。彼の好んだ禅の言葉で言えば「花紅いの柳は緑」であり、ビートルズの「Let it be !」である……ラジネーシは「在るがままに」と言い、「目的を持つな」とも言う。「あなたは何者でもない。自分は『何者か（something）である』というその思い込みがあなたの道を迷わす」「何故に悟り（enlightenment）を求める？　それはいずれ誰のところにもやって来る。焦る理由は何もない」……彼特有の逆説めいた言い回しではあったが、その言わんとする事が私にはよく理解できた。瞑想体験の賜物であった。しかし、もし瞑想的素養がないままにこれらの言葉を真に受けたら、いささか厄介な事になる。バシャールの「ワクワク行動学」同様、下手をすると行き当たりばったりの支離滅裂な人生を歩む事になりかねない。彼のサニヤシンたちの多くが、そのリスクの渦中にいたように私には思えた。

尽きるところ、彼は自ら述べているように「月を差す指」でしかなかった。彼の講義は「生きる意味」を探るための大いなる手掛かりにはなったが、それは何処まで行っても「手掛かり」でしかなかった。「意味など無い」とは彼は言っていないが、「そんなものはどうでもいい、ただ在れ！」と彼は言っているようであった。

ラジネーシの、高みから一刀両断に振り下ろすような論理的明晰さに比べ、「無教養」とくさされた「ババ」の教えは確かに泥臭く、庶民的で、妙なところで「具体的」である。彼はスブドの信奉者達に「起業」を強く勧めていた。それは霊的道を進む上での「精神的独立性」を保つため、というような意味があったようである。その点ではラジネーシも同様の考えを持っていて、個人が独立性を保持するために、いかなる政治体制であってもある程度の「私有財産」は認めるべきだ、という見解を持っていた。やはり「この世」においては「誰の指図も受けない」ですむ経済的基盤を有する事が望ましいのである。それは常識的にも分かる。

バパ自身も率先して会社を興し、世界各国の信奉者たちもそれに倣って次々と「起業」して行った。それらの会社は総称して「スブド・エンタープライズ」と呼ばれた。スブド人によるスブド人のための会社であった。実はTM協会にも同様の発想があって、彼らはそれを「シダ・コーポレーション」と呼んでいる。エンタープライズでもコーポレーションでも構わないのだが、長い間いくつかの零細企業を渡り歩いてきた私の耳には、それらの言葉は「理想郷」とでも言っているように聞こえた。瞑想やラティハンで浄化された「高意識レベル集団」による企業団体……そのようなところで働きたい、とも思ったし、自分でそのような会社を作りたい、と強く思った。想念は実現する……その機会は早々にやってきた。

世はバブルの最盛期を迎えていた。私自身はそうした「時代」に思いっ切り取り残されてはいたが、しかし何と言ってもバブルである。私の周りの至るところに、大金がフワフワと泡のように漂っていた。そんな中から、「店を出さないか。」という誘いが私のところにもやって来た。私はその誘いに乗り、何人かの出資者を集めて「起業」した。「スブド・エンタープライズ」もしくは「シダ・コーポレーション」の誕生である。

ところで出資者たちが私にお金を出したのは、私の文学的知識や、瞑想者としての評価によるものではもちろんない。私はそれまでいくつかの職種を転々としてきたわけだが、比較的長く携わったのはメンズ・アパレル業界、一口で言えば紳士服販売であった。彼らは紳士服の売り子としての私のキャリアと能力を買ったのである。いかなる境遇といえども、やはり仕事には真面目に取り組むべきである。長い年月の間に、いつの間にか私はそのような「現実的能力」のようなものを身に付けていた。

店の作りは「ラルフ・ローレン」ばりの重厚な内装と外観にした。おまけに店の中には大きなバーカウンターを置き、ハイチェアに腰掛けてコーヒーやウイスキーが飲めた。もちろん店内には背広や紳士洋品が並び、ショーウィンドウにも紳士服が飾られているのだが、酒好きな男が敢えてバーと間違えて入ってくる事もあった。確かに入り口は酒場風であった。木製の大きなブラインドの扉は、冷暖房を保つためいつも重く閉じられていた。そしてその扉には「The Door」という看板が掲げられていた。キリストの言葉「汝狭き門より入れ」から取った「Narrow Door」の意である。「狭き門」より入ってくる客は、当然少なかった。店は開店早々、すぐさま経営に行き詰まった。スブド・エンタープライズだからといって、すべて成功が保証されているわけではない。立ち行かなくなったエンタープライズの噂を私は数多く耳にしている。ババ自身がインドネシアで立ち上げたエンタープライズも決して成功したわけではない。スブドや瞑想の価値観は、もとより「富」とは別のところにある。

ただ、どうやら「困った時には助けてくれる」ようだ。私は経験的にその事を知っている。そんなわけで（理屈なしに）取りあえず店は続いた。

私は以前、アメリカに五百ドルのキャッシュを送って「アロン・アブラハムッセン」に「前世」を見てもらった事がある。エドガー・ケーシー亡き後、世界で数少ないそれを業としている人物であった。かなり盛況であるらしく、申し込み後六ヶ月ほど経ってからカセットテープと共にＡ４紙に英文で十二ページほどの書類が送られてきた。彼の「お告げ」をタイプ打ちしたものである。その内容は概ね納得のいくものであったが、その中の一節に、私がいずれ「新しい扉（door）」を開くと書かれてあった。

「魂は進化の旅を続け、次々と成就を遂げて行くその過程の中で、己に向かって多くの、更に多くのドアが開かれて行くのを見る事になる。しかもそれらのドアは極めて鋭い洞察力、極めて緻密な熟考と計画性を要求されるところの、大変ハードルの高いドアである。少なくとも手痛い失敗、大いなる悔恨を舐める事なしに、意義ある進化が達成される事はまず不可能であろう。新たな進化プロセスの開始においては必ず悔恨が伴うものである、という事を人はよく認識する必要がある。というのも、それはその魂にとって初めての願望であり、それに付随する経験を何一つ有していないところの未知なる願望であるのだから。」

「しかし長い眼で見るならば、それがまた進化のための一つのプロセスであった事に気づいて、人は必ず感謝の念を抱く事になるであろう。すなわち自分が転換を成した事に、自分が変身した事に、自分が新たな道を切り開いた事に、自分自身に対するより深い理解を獲得した事に、そしてより偉大な進化へ向けて、また新たなステップを踏み出した事に。」

「人が絶望や後悔をするのは、彼がそのとき巻き込まれている事態の全体像が見えない事による。そのためそこに様々な恐れや誤解が発生する。しかしその新しい状況に精通してくるにつれ、人は段々と落ち着き始め、そして以前可能であったよりも一段と速いテンポで、再び進化の道を進み始めるであろう。」

確かに、私は紳士服に関してはある程度のエキスパートではあったが、事業家としてはまったくの初心者でしかなかった。

何と言ってもサラリーマン時代と比べて私が戸惑ったのは、お金の「質と量」の違いであった。賃金労働者にとっては、お金は「固体」であった。収入はほぼ固定したものであり、そこに日々大きな変動が生じる事はなかったし、支出に関しては否応なくその固定した金額の範囲内に留まるものであった。これに比して「商売」には収入に限界がなかった。それは途方もない金額かもしれないし、またはゼロかもしれなかった。支出にも拘束がなかった。見返りが取れると思えば幾らでも商品を仕入れる事ができた。借金してでも仕入れる事ができたし、また借金する事も比較的容易であった。それが日常的なお金の動きであった。賃金労働者には思いもよらぬ事である。ここではお金は「固体」ではなく、きわめて流動的な性質を持つ「液体」であった。そしてこの「液体」は時々蒸発して簡単に「気体」にもなった……私は自分がようやく「資本主義」に参加したのだと理解した。

資本主義は、そこに「物」が介在しているだけで、金の流れから見ればその実態は「ギャンブル」に他ならない。その観点から見ると「賃金労働者」は、資本主義下に住んでいるにもかかわらず、実は資本主義に参加してはいない。良きにつけ悪しきにつけ、彼らは競馬とパチンコ以外、あまり「ギャンブル」とは縁がない。彼らの住んでいる社会は「農奴社会」に等しい。賃金の大小はあるにせよ、彼らは固体化されたお金の「限定された安定」の中に住んでいる。その「安定」の代償がどのようなものであるのかは、まあそれぞれが日々自問し、煩悶しているところではあろうが。
　こうした実感から、私はそれが成功するにせよ何にせよ、エンタープライズに関するパパの提言は正しいと思った。たとえそこが過酷なギャンブルの世界であれ、そこでは首輪足枷が外され、より伸びやかで自由な思考が可能となる。金のやりくりは大変であったが、確かに私は「資本主義」に馴れて行き、経営も「段々と落ち着き始めた。」

　農奴制……あからさまに「奴隷制度」と言ってもいいのだが、これについて少し検討してみよう。この制度は必ずしも一八六五年の南北戦争におけるリンカーンの勝利によってこの世界から消え去ったわけではない。「奴隷制度」はどのような時代であろうと、どのような国家であろうと、基本的な社会体制として人類の歴史と共に常に生き続けている。考えてみれば、自動車や家電製品がこの世に登場するまでは生活全般における作業はすべて人間の手によって行われていた。ついこの間まで洗濯は人力によるタライであったし、ピラミッドの石を運んだのも人力である。社会にとって人間は「動力」であり「資源」であった。そして人を「動力」として用いるとき「民主主義」では効率が悪すぎる。デモクラシーを初めて実現したという古代ギリシアの都市国家アテネにおいても、それは市民たちの民主主義であり、市民たちはそれぞれに多数の奴隷を抱えていた。トーマス・モアの描いた『ユートピア』（理想郷）でも、その国の住民は二人の奴隷を所有することが許されている。たとえユートピアといえども、奴隷という社会資本なしには存立し得なかったのである。奴隷は社会存続のための必須資源であった。シベリアに「抑留」された日本の兵隊たちは、「共産主義国家」を支えるための「動力」として、タダでこき使われたのである。

「とんでも族」の宇野正美に言わせれば、我が国における支配体制は「大化の改新」以来実質的には何も変わっていない、との事だし（いまだに「公地公民」という事か？）、更にもう一人の「超とんでも族」、考古学者のゼカリア・シッチンは、そもそも人類は「奴隷」としての目的を持って四十五万年前に「宇宙人」に生み出されたのである、と唱えている。シッチンの説が歴史の教科書に登場することは永遠にないと思われるが、とはいえシッチンは決して「宇宙人マニア」ではない。彼はれっきとした考古学者であり、かつ古代シュメール語を解読できる世界で数少ない言語学者の一人でもある。彼の説はメソポタミアから発掘された膨大なシュメール語の文献を基に展開されている。

この書は「生きる理由」を追求しているものであり、決して「とんでも説」の紹介を目的とはしていないが、しかしシッチンの言うように、もし「人類が宇宙人によって創造された」のだとしたら……サルトルの「ペーパーナイフ」の話を覚えているだろうか？　……それは「何かのために」造り出されたのであり、それが判れば「人間の生きる目的」も明解なものになってくる。もしシッチン説が正しければ（その可能性はないわけではない）、人間の生きる目的は「労働」であり、「神への隷属」という事になり、「奴隷制」は人類の基本的な「存在理由」という事になる……シッチンは（期せずして）なかなか恐ろしい説を唱えているのである。

よく出て来る話ではあるが、飛鳥の石舞台の上蓋は一枚岩で出来ていて、その重量は七十七トン、クラウン五十台分の重さがあるという。そのような重い岩を、当時のノウハウでどこからどうやって運び、どうやって上に載せたのか、それだけでも驚きであるが、シリアの砂漠に置かれている一枚岩は、近くの岩山から切り出されたものらしいのだが、その大きさは縦二百二十七メートル、横五十二メートル、幅四十六メートルで、推定重量は何と千二百トン（クラウン約八百台分）である。こんな石は現代の技術を以てしても移動させる事は不可能である。人力でどうやって、という話どころではない。「不可能」が厳然たる事実としてそこに横たわっているのである。

こうした説明不能の「遺物」は総称して「オーパーツ」と呼ばれ、一般考古学ではとりあえず「無視」する事にしているらしい。特にイスラムには、中世のカトリックと同様の「規律」が存在していて、イスラムの歴史観は紀元前四千年を創造の起源としているので、その教えに抵触する考古学的発見があった場合は、すべて無視されるか、現地の博物館の倉庫に眠らされてしまうのである。その博物館の担当者がそれを研究し、おかしな説でも唱えようものなら命にかかわる事となる。それ故、「スフィンクス」の「雨による浸食」現象に関しても（目の前にそれがあるにもかかわらず）皆が口を閉ざしているか、無理な理由付けを捻り出している始末である。少なくとも現時点の知識では、エジプトに雨が降っていたのは七千年以上昔になるからである。

シュメール語の専門家シッチンが問題にしたのは、エジプトやインドの古代文明に先行するかの「シュメール文明」が「突然」出現した事にある。それ以前には文明らしい文明の痕跡がないにもかかわらず、いきなり「ジグラット」と呼ばれる高層建築や、月や太陽の周期を測る精密な天文学、二次方程式や円周率の計算やピタゴラスの定理を編み出した高等数学、そして電池と電気メッキの技術まで…そんなものが「突然出現する」などという事があるだろうか？　……遙かな古代に、何らかの「科学知識」が存在していたのは確実である。それらが「説明不可能」であるため、今日まで歴史の教科書に登場していないだけの事である。

もっともこの事から、それが「宇宙人」の指導によるものであり、人類が彼らに都合のいいように「猿人」から改造されたと断定するのは、残念ながら（それが事実であろうとなかろうと）何処まで行っても論理の飛躍が生じるかと思われる。ただ……ぶつぶつ言いながらも「会社」に「所属」する事に何らかの安堵感を覚え、選挙の度に賃金労働者の多くが「保守党」に投票する実態を身近に見ていると、ひょっとしたら我々の遺伝子の中に「隷属意識」というものが意図的に組み込まれているのではないかと疑ってみたくなる事は確かである。

この遺伝子に組み込まれた（かと思われる）「隷属意識」は、実は「精神世界」においてこそ特に顕著である。私はこれまで数多くの精神世界グループに首を突っ込み、マハリシを始めとする多くの教祖、そしてその「信者」たちを見てきたが、その際私にとってどうしても理解困難で違和感を覚えたのが、彼らの「教祖」に対する「高揚した敬愛心」であった。彼らは韓流スターのステージでも見上げるような目で教祖を見つめ、教祖の事を熱く語っていた。顔を見たとか、目が合ったとか、服に触れたとか。彼らはほとんど教祖に「恋」をしていた。

確かにインドの修行法の中には「バクティー・ヨーガ」（愛のヨーガ）といって、

神に恋焦がれ、脇目も振らず神のみに尽くし「帰依」する事によって悟りに達するといったメソッドもあるにはある。それは一種の「恋狂い」の行である。「八百屋お七」の執念とパワーをそのまま「神」に向けるならば、必ずや悟りに達しうるであろう、という発想である。そしてこの行を見事に体現したのが、もしかすると「マザー・テレサ」かもしれない。少なくとも映画『マザー・テレサ』に描かれた一途と言えば一途、ファナティックと言えばファナティックな彼女の行為は「イエスに恋した」女性の姿そのものである。

但しこの場合、「帰依」するのはあくまで「神」であり、「教祖」ではない。ちょっと冷静に考えれば分かる事だが、教祖というのは所詮神の「メッセンジャー」でしかない。いくら空中から物を出せたとしてもサイババは神ではないし、かのローマ法王にしてもあくまで神の「代理人」なのである。

キリストは信者たちに向かって「我を信ぜよ」と言ったが、その一方で「我を信ずるな」と言ったのは、ニーチェの「ツアラトゥストラ」である。「信者などに何の意味があろう。」とツアラトゥストラは語る。「いま私は君たちに命ずる。私を捨て、君たち自身を見出す事を。そして、君たちのすべてが私を否定する事ができたとき、私は君たちのもとに帰って来よう……大いなる正午を君たちとともに祝うために。」

ラジネーシも又「信仰はアートである。」と言っている。ここで言う「アート」とは、人が信じる事と疑う事の狭間で揺れ動きながら神と微妙に関わって行くその心の様を指している。そしてその揺らめきを経て、己の中の懐疑心が克服され「確信」へと昇華されたその時、「信仰」はようやく彼の中で確立したものとなるのだ。この批判精神を欠いた信仰など無意味である、それは「帰依」などではもちろんない、ただ己を放棄しているだけの事に過ぎない、とニーチェもラジネーシも暗に告げているのである。

そうした観点から見るとき、私の出会った多くの「信者」たちは、いかにも素朴に、いかにも素直に、いかにも安易に、あたかもコインを投げ込めばガチャンといって「ご利益」が降りてくる自動販売機でもあるかのごとく、「教祖」たちを信じていた……こうした安易な「依存」の中に、私は「神への隷属」という遺伝子の存在を垣間見る思いがするのである。

さて、金を払って帰る客は少なかったが、店には多くの若者たちが出入りした。私の想念が反映してか、若い美しい女性が多かった。彼らはハイチェアに座って、私がサイフォンで点てたタダのコーヒーを飲みながらカウンター越しに長い時間私と会話を交わした。取りとめのない世間話が半分、精神世界の話が半分、である。私は片っ端から、彼らに「TM瞑想」を勧めた。TM協会から感謝状を貰ってもいいくらいの数であった。そして彼ら（主として彼女たち）の中から続々と「魔女」が誕生していった。「時代」が急速に進行しているのを私は見た。一九四五年当時、「前世」を透視できる人間は世界にエドガー・ケーシー唯一人しかいなかった。私自身前世を見てもらうのに、わざわざアメリカに手紙を送っているのだ。しかし今や、前世の見える女性が私の周囲に少なくとも五人は存在していた！　店主の私とバイトが一人のささやかな店であったが、その店は確かに「スブド・エンタープライズ」（もしくは「シダ・コーポレーション」）の様相を呈していた。

店をオープンしてから三年でバブルが弾けた。「バブルの崩壊」とは実に凄まじいものであった。崩壊後ほどなくして、ただでさえ少ない店の客足がパッタリと途絶えた。日本中の飲み屋街で起こったあの現象である。三十社を超えた取引先、いわゆるアパレルメーカーも次々と倒産していき、最後は仕入先に事欠く始末であった。私の店もその二年後には閉店した。文字通り「Door」が閉じられたのである。そして私は「失業者」になったのだが、これはそう悪くない展開であった。私はその間に店の経営と併行してまた別の事業を手がけていた。子供たちを対象とした「英会話塾」である。塾といっても、私は店に出ずっぱりであったので私が直接子供たちに授業を行う事はなかった。レッスンはすべて外国人が行なった。その外国人を管理する日本人スタッフも揃っていた。つまり、私は携わる仕事がほとんどなくなっただけで、収入の道は閉ざされてはいなかったのである。期せずして、私は思いっ切り自由の身となった。

「英会話塾」を始めたきっかけは「シュタイナー教育」と関係がある。先にも述べた通り、私はラジネーシと並んで「ルドルフ・シュタイナー」の愛読者であった。彼の著作がまだ数冊しか翻訳されていない時代から彼の作品を読み漁っていた。つまりシュタイナー通であったのだ。そんな私に目をつけた一人の友人が、子供相手の英会話塾を開くに当たって「シュタイナー教育」を売り物にしたいので協力してほしいと言ってきた。「シュタイナー教育」がそう簡単に導入できるものではない事を私はよく知っていたが、余計な事は言わず、快く引き受けた。どのみち、誰がやっても「シュタイナー教育」をパーフェクトに実現する事など不可能だ、という事もまた一方で知っていたからである。

手始めに、地元のラジオのトーク番組に出演し「シュタイナー教育」のエッセンスについて語った。これは別段たいした宣伝効果は生まなかったが、シュタイナー関係者からは「短時間で、シュタイナー教育の神髄を見事に伝えている。」と大変好評であった。それがきっかけで、あちこちで「シュタイナー教育」の講演をする事にもなった。いずれもささやかな会場であったが、おおむね好評であった。「英会話塾」は比較的順調に進展していった。

「ルドルフ・シュタイナー」（1861–1925）は、知る人ぞ知るヨーロッパの代表的な「神秘家」ないしは「オカルティスト」である。

一八六一年オーストリア生まれの彼は、既に幼少期から「死者の霊を眼にする」といった『シックスセンス』のような能力を身に付けていた。そして彼は生まれつきの「真理の探究者」であった。幾何学に物理学に音楽、おまけにカント哲学まで、鉄道が珍しいくらいのオーストリアの片田舎で彼はそれらをすべて「独学」で学んだ。

彼の誕生と使命はもしかしたら「用意されたもの」であったのかもしれない。彼が十八歳になった或る日、彼は彼の「マスター」と巡り会う。インドには「弟子は師を捜す必要はない。彼に準備が整ったとき、師の方から彼のところにやって来る。」という格言があるが、そのときシュタイナーに起こった事がそれであった。「薬草売り」

と公式には伝えられているその人物は、おそらくオカルト系秘密結社「薔薇十字団」の「マイスター」であったと推測されている。天才シュタイナーはそのマイスターから「秘教知識」の神髄を伝授されたはずである。この説と整合するかどうかはやや疑問だが、ラジネーシはシュタイナーのもう一つの「使命」について触れている。彼はマダム・ブラヴァツキーの創設した「神智学協会」の後継者候補として名指しされ、教育されたというのである。ラジネーシによれば結果的に後継者には三十歳年下のインド人クリシュナムルティーが選ばれ、それを不服としたシュタイナーは「神智学協会」（Theosophy）を離れ、自ら「人智学協会」（Anthroposophy）を設立するに至ったという。

いずれにしろ彼が引く手あまたの「天才神秘家」であった事は確かである。ただ彼の活動は或る時期まで極めて地道なものであった。それは彼が無類の勉強好きであった事にもよるが、彼が自らに課したスタンスとして、彼の知った神秘的知識を「オカルト」としてではなく、西洋科学一般の言葉と論理で論証しようと試みた事にある。要するに彼は「オカルト」（隠された知識）を日の下に晒す事に挑戦したのであった。そのためには西洋科学を、特に西洋哲学を子細に研究する必要があった。又、それを成し遂げる自負もあったかと思われる。ただその試みは結果的に、彼の思想を必要以上に難解なものにした嫌いもある。総じてシュタイナーの書物は西洋的論理性に富んでいて、興味深く、納得しやすい面もあるのだが、その一方で補足説明の多い彼の文体は、日本語に訳すのもおそらく容易ではなく、また翻訳されたその内容は多くの部分で理解困難なものともなっている。

彼は「人智学協会」を立ち上げた後、ラジネーシに負けないくらいの膨大な数の神秘学レクチャーを行ったが、その一方で彼の神秘学的知識に基づいた様々な社会実験も試みてきた。その「社会実験」の一つとして最も成功したのが「シュタイナー教育」であった。

今日「シュタイナー学校」は、公式なものだけでも世界三十ヶ国に二百校以上存在すると言われている。シュタイナー教育のディテールについて述べ始めると優に一冊の書物ができ上がるほどであるが、そうした細部の物珍しさに惑わされる事なく、「シュタイナー教育」の背景と根本に目を向けるならば、そこには人間の「運命」に関する重大な認識が含まれている事が分かる。

「シュタイナー教育」はそのキャッチフレーズ通り「魂の教育」である。正確には「魂の成長」を念頭に置いた教育である。それが有名な「七年周期説」である。人間の魂は七年ごとにその成長の「質」を変える。だとしたら子供の教育も又、その

「質」の変化に応じたものにしていかねばならない、というのがシュタイナー教育カリキュラムの根幹である。具体的にいうとゼロ歳から七歳までは人はまず「エーテル体」を発達させる。この「エーテル体」という概念を前面に出してくるところが「魂の教育」の面目躍如たるところであるが、「エーテル体」というのは人間の内部にある七つの「魂体」の内の一つを指す。エーテル体の特徴は「学び」もしくは「まねび」、すなわち「模倣」である。幼児は外部世界に対して何の批判も持たず、ただそれを受け入れ「模倣」する。父親の一挙手一投足、母親のため息、怒鳴り方まで、こうして幼児はこの世界の基本的なありようと、そこで生きるノウハウを学んでいく。従ってシュタイナーは言う。「この時期にあって親ないしは教育者が子供に負うべき責務は、自らが『世界を代表して』子供の『模範』たる事である。そしてそれを見た子供の魂に『世界は美しい、ここは生きるに値する』という認識を植え付ける事である。」と……なかなかに恐ろしい要求である。シュタイナー教育とは、教育者にとって本来はこのように厳しいものなのである。

七歳というのは暫定的な数値設定であり、正確には「歯が生え替わるまで」とシュタイナーは言っている。では歯が生え替わった後はどうなるのであろうか？　そこからは「アストラル体」が成長してくる。「アストラル体」とは「星気体」もしくは

「感情体」とも訳されるやはり内的魂体である。この時期は子供の「感性」が発達して行く。「知性」が発達するのは次の段階である。従って間違ってもこの時期に知性に偏重した教育を行なってはならない。「早期英才教育」などもっての外なのである。もしこの時期に幾何学や高等数学といった高度に論理的な思考や抽象的思考を子供に強要するならば、子供の神経系統の成長に害を及ぼすだけでなく、肉体の成長にすらダメージを与える。何かの間違いでこの時期に高等数学を身につけた子供は四十二歳を過ぎた後「リウマチ」を患う恐れがある、と不思議な事をシュタイナーは言っている。推測するに（頭が凝り固まった結果）神経系統が早期に柔軟さを失うという事であろうか？　それ故この時期に最も適した教育法は子供の「芸術的創造性」を促進させる事である。

一般的に言ってもこの時期の子供は机にへばりついて学ぶ事を好まない。彼らは絵を描き、歌い、踊り、楽器を奏でる事を好む。それが「アストラル体」の本性なのである。そのためシュタイナー教育の小学生過程では、すべての科目に、描画や、音楽、ダンスといった要素を取り入れる。ある生徒の理科のノートには、百合の花や顕微鏡の精密画が描かれている。算数のノートには倍数等の関係性を持つ各数字がバランスよく絵画的に配列されている。九九は手拍子のリズムで覚える。子供は絵を描くついでに、音楽を奏でるついでに、理科や算数を学ぶのである。ここでは知識を学ばせていない。かろうじて知識と関わらせながら、「アストラル体」の正常な発育を促しているのである。

こうしてエーテル体とアストラル体が順調に発育して行ったならば、いよいよ「メンタル体」（知性体）の出番である。「メンタル体」は正常に発達した「エーテル体」と「アストラル体」の基盤の上でのみ初めてその性質を十全に発揮する。「メンタル体」の主たる特徴は「知的欲求」である。十二歳になると（目安としては「生理」の開始がその時期である）突然、高度で大量の知識が、乾いた砂に播かれる水のように、子供たちに与えられる。中学一年の国語の教科書は時によってはゲーテの『ファウスト』である。我が国で言えば、中学生にいきなり『源氏物語』の原典を読ませるようなものである。子供たちはそれに対応できる、とシュタイナーは考える。何故ならそれこそが正常な「メンタル体」の特徴であるから、と。

シュタイナー教育が「現代社会」にとって有効な（?）教育法であるのかどうかは、創立百年を経た今でも、まだ「未知数」であると私には思える。「魂の教育」であるシュタイナー教育を今日的な言葉で言えば「個性尊重」の教育であるが、それは悪名高き「ゆとり教育」の典型とも言える。「個性教育」に関しては、養老孟司が

『バカの壁』で痛烈に批判している。「個性」とはただの我が儘に過ぎず、それを放任すれば世の中は協調性を欠いた「バカ」だらけの無秩序な社会になってしまう、と。確かにテストや宿題のない教育法が「農奴制」には馴染まない人間を作り上げて行くのは明らかである。ドイツにしろ日本の文科省にしろ、国家は「シュタイナー教育」を歓迎はしていない。

かつてNHKのドキュメンタリー番組で「シュタイナー教育」を詳細に取り上げた事がある。主な出演者は「シュタイナー教育」を我が国に広めた『ミュンヘンの小学生』の著者、子安美知子氏とその子女、子安フミであった。子安フミは『ミュンヘンの小学生』その人であり、いわば我が国における「シュタイナー教育」の象徴的人物である。番組は決してシュタイナー教育に批判的な立場を取ってはいなかった。その辺は慎重であった。しかしながら、共に東大出の大学教授の両親を持つフミが（「シュタイナー教育」を経た結果）最後に黒人ミュージシャンとの間に生まれた娘を抱えて画面に登場したとき、それを見ていたシュタイナー教育信奉者たちの間にはいかなる衝撃が走った事であろうか？　番組は、冷たい風を浴びて草むらに立ち尽くす母、子安美知子の寂しげな表情をアップにしてエンディングとなる……この番組は少なからず、我が国での「シュタイナー教育」の発展に痛烈な一撃を与えたはずである。

但し、国は国、シュタイナーはシュタイナーである。実は「シュタイナー教育」の目指すところは、決して「個性教育」などという生半可なものではない。シュタイナーの各伝記には、「シュタイナー教育」の出現にはシュタイナーが若かりし頃携わった家庭教師の経験がその背景にある、と語られている。生徒の一人で、今日なら「発達障害」と見なされる子供をシュタイナーは長期にわたって根気よく教育し、最後は医学部に進学できるまでに成長させたという。このときシュタイナーが彼に施した「魂の成長を睨みながら」の教育手法が、後の「シュタイナー教育」の基盤になったというのが通説である。しかし、この「魂の教育法」は決してシュタイナーのオリジナルではなく、そこには神秘学的な「歴史」がある。

先に述べたエジプトやギリシアやローマ時代の「古代ミステリースクール」においては、子供の教育は当然の如く「魂の教育」であった。教育者はまず子供の魂を「霊視」し、その魂がこの世に携えてきた「本来の運命とカルマ」を読み取った。そしてその運命を可能な限りスムーズに全うさせるため、彼の「魂に沿った」教育を施したのである。

ついこの間までこの教育法を延々と継承してきたのが、チベットの「ダライ・ラマ」の教育であったかと思われる。「ダライ・ラマ」に選ばれる子供は知能テストによって選ばれるわけではない。彼の「定められた運命」によって選ばれるのである。マダム・ブラヴァツキーがクリシュナムルティーに施した教育もおそらくこれと同質のものであったろう。シュタイナー学校の教師たちにすべてこのような「透視能力」があるとは思えないが、少なくともそれを多少普遍化した「子供の運命を読み取るノウハウ」を、彼らは訓練中学んでいるはずである。何故なら、それこそが「シュタイナー教育」の神髄であるはずだから。

「シュタイナー教育」には、もう一つ語っておかねばならない重要な神秘学的要素がある。それは「螺旋式カリキュラム」である。シュタイナー教育では算数、理科、社会といった「主要科目」はすべて「エポック」(Epoche＝期)と言われる授業形態を取っている。一エポックは数週間続き、その間同じ科目の授業が毎日長時間にわたって連続して行われる。つまり、「数学期」には数学の授業が毎日連続して二週間行われると考えればよい。これは数学の学習にとっては極めて効率的で、合理的なカリキュラムのように見えるが、問題はその間、理科や社会や国文法といった他の科目の授業がまったく行われない事である。おまけに数学を二週間続けてやったは良いが、次に訪れる「数学期」はおよそ半年後という事になってしまう。その間に子供たちは数学の事などすっかり忘れてしまう事になりかねない。そこで一つの工夫がなされる。

数学の「二度目のエポック」がやって来たとき、その授業は前回の続きではなく、又最初から始められる。もちろん前回の復習は数日間で終えられ、そこから継続して新たな内容が付け加えられて行くのだが、この方法が、三度目のエポック、四度目のエポックでも又繰り返される。子供たちはエポックが来るたびに、毎回数学を最初から学ぶのである。これを「螺旋式カリキュラム」というのだが、それはそれで一応の効果は出しているようである。ところでこの「螺旋式カリキュラム」は、もちろんシュタイナーの「思いつき」ではない。それはシュタイナーが霊視したところの「宇宙の進化形態」に則った学習方法なのである。

シュタイナーは彼が霊視した「三代前の地球」から「三代後の地球」へ向かう「宇宙の歴史」を『アカシャ年代記より』という書物に残している。その書によると「三代前の地球」は「熱球」であった。熱のみが球状に拡がる、ただそれだけの存在であった。（現代の天文学で言うならば「原始星」に相当するのであろうか？）そこでどれだけの時間が経過したかは分からぬが、やがてその「熱球」はブラックホールに吸い込まれるかのごとく宇宙の「虚無」の中に消えて行く。シュタイナーはそれを「地球が眠りに就く」と言っている。次に彼が目覚めたとき、（地球が宇宙空間に再登場してきたとき）それはやはり「熱球」として成長して行く。但し、今度は「熱」の段階で止まる事なく、途中から「気体」へと変貌して行く。現在の木星のような「気体地球」となるのである。そしてその「気体地球」も又、いずれ時が来て「眠りに就く」。さて、もうお分かりであろう。次に彼が目覚めたとき、彼はやはり「熱球」としての形態から出発する。そして「気体」を経て、今度は「液体地球」へと成長する。我々のこの地球は「四度目の目覚め」であり、それも時代の中盤にさしかかっているそうだ。つまり、第四の目覚めの中で、再び「熱体」「気体」「液体」を通過し、ようやく「固体」を獲得したのが今の我々の地球の現状である。

進化は常に一から始まり、その時代の約束された極点へと向かう。それの繰り返しは「円」ではなく「螺旋」である。確かに、この「物理的宇宙」の運動はすべて「螺旋」の形を取っている。進化もひとつの時間的「運動」だと考えるならばその形が「螺旋」であることには説得力がある。つまりシュタイナー教育の「エポック授業」は「進化の様式に沿った」カリキュラムなのである。

「エポック」の休息中、数学は子供たちの中で「種子」として眠りに就くのであるが、目が覚めれば（次のエポックが始まれば）その「種子」はゆっくりと芽生え始め、新たに学ぶ学習内容の土台として、かつて学んだ内容を自然に思い出すというのである。シュタイナーが只者ではないのと同様、「シュタイナー教育」もまた只者ではないのである。今日の社会では、まだその評価を云々する視点は持ち合わせていないかと思われる。

ところで「三代先の地球」は一体どのような姿をしているのであろうか？　それはどうやら「霊的存在」へと変貌発展して行くらしい。次の地球は「半霊半物質」の存在であり、その次はより霊的な存在となる。もちろんこれに伴って我々人間の肉体も意識もそれに適合できるように進化発展していく。シュタイナーにおいても又、人間存在の方向性は「進化」である。

「現在の地球」もまだその予定された歴史の半ばを過ぎたところである。まだまだ進化の余地を残している。シュタイナーの「予言」によるならば、この地球は、いずれ水飴のように引き伸ばされて二つの「球」に分離するという。一つは「半霊半物質」の方向へ向かう進化に沿った地球となり、もうひとつはいわば進化に取り残された残骸として「宇宙の暗い方向」（廃棄物処理場？）へと向かう、とシュタイナーは言う。これと同じ概念が例の「アセンション」である。さて、我々は一体「どちらの地球」に乗っかるのであろうか？

文科省が嫌う「シュタイナー教育」のもうひとつの特徴は、テストや宿題がないという事ではないかと思われる。テストと宿題は子供の学習管理をしていく上では確かに有効なツールである。しかしながら私自身の体験に照らし合わせてみても、このテストや宿題を課さないという教育スタンスは充分容認できる理念である。

私はこれまで家庭教師を含め子供の勉強を見る機会をかなり多く持ってきたが、当初戸惑ったのは、生徒たちの多くが余りにも「できない」事であった。私と比べて云々、という話ではない。そこが理解できなければそこから先へは当然一歩も進めないだろう、というレベルで、多くの子供たちが立ち往生していたのである。

義務教育のカリキュラムは系統だってよく組み立てられているとは思うが、結果的にそれは「できる子供たち」向けのものでしかない。確かに「できる子」はたくさんいる。（ちょうど私の高校のように）彼らは更に努力し、競い合い、互いに切磋琢磨して、より高い知識を身に付けて行く。それはそれで良い。大変結構なことである。しかしながら世の中には「できない子」がその数倍もいる事を忘れてはならない。

ある時まではまったく気づかなかったが、できない子供にとっては、教室は苦痛の場でしかあり得ない。そこに九年間、毎日彼らを縛り付けておくというのはかなり残酷な事ではないだろうか？　才能があるのに怠け癖のある子に対して勉強を強いる事は意味がある。それは才能を浪費するという過ちから彼を救っている。しかしながら、もともと「勉学」という事に才能のない子に対して勉強を強いるのは「虐待」に近いものがある。いくら挑戦してもできない子供に、三十回の「逆上がり」を強要しているようなものである。

テストにしてもそうである。できる子にとってはそこで獲得する点数は栄誉でもあり、また勉学の励みにもなる。それはそれでよい。しかしながらできない子にとって「テスト」とは一体何だろう？　それはただ彼を意味なく晒しものにしているだけのものに過ぎないのではないだろうか？

テストとは本来「視力検査」のようなもので、個々の視力（能力）を検査（テスト）によって確認し、その視力、能力に応じて席を前の方に移したり、メガネを掛けさせたりして、その能力の欠如をできるだけ教師が補っていくためのものであるはずだ。つまりテストの結果は本来なら教科別能力別クラス編成へと向かうためのものであるかと思われる。ところが現状はどうだろう。テストはただ点をつける事のみに留まり、その結果に伴うべき「受け皿」は用意されていない。できない子はできないっぱなしで、ただ学年のみが進んで行く。落第すら許されない。

教えていて分かるが、性格の良し悪しにかかわらず、できない子は本当にできないのである。彼らの知識を或る一定レベルにまで到達させるには相当の根気と時間が必要である。しかしながら通常の義務教育の場にそれだけの余裕はない。

　結局のところ今日の学校教育は好むと好まざるとにかかわらず「エリート教育」の延長線上に構築されていると言える。そして「テスト」とは、そのエリートを選び出すための「サバイバルゲーム」に他ならない。

「エリート」（elite）とは文字通り「選ばれし者＝選良」を意味するが、念のために注釈しておくと「エリート」は必ずしも「支配者階級」を意味しない。支配者階級は支配者階級で「エスタブリッシュメント」（establishment）という言葉がある。従って今日でいうエリートとは実質的には高級官吏に代表される「指導的テクノクラート」を意味し、エスタブリッシュメントの手足となって国家を支える人材の事を指す。そしてこの視点は、国家が教育によって何を育てようとしているのか、その教育目的を簡潔に物語ってもいる。（もちろん義務教育とて別の意味でそうである。我が国で「義務教育」の緒である「学制」が公布されたのは明治五年であるが、それはその翌年に施行された「徴兵制」と無縁ではない。国家としては、兵隊として行動するための最低限度の知識を国民に身に付けさせる必要があったのである。それが「義務教育」の当初の大きな目的のひとつであった。それ故「義務」だったのである。）

　このような教育理念に比べれば、各人の本来の運命を開花させ「世界でたった一つの花を咲かせる」事を目的としたシュタイナー教育の方が、たとえ「馬鹿を増産する」と罵倒されようと、はるかに理にかなった人間的な（正に魂の）教育であるかと思われる。テストも宿題もなく、ひたすら根気強い「シュタイナー教育」は、できない子ばかりでなくすべての子供の「魂」にとって「誠実で優しい」教育なのである。私の「英会話塾」が何とか命脈を保ってきたのも、シュタイナーに倣って、どこかでこのような優しさ（あるいは生ぬるさ）を保持していたからかもしれない。

何かとミーハーで旅好きの私は、スイスのドルナッハにあるシュタイナーの本拠地にも足を運んでいる。ガウディと並ぶその異様さで建築史にも名を残した、かの「ゲーテアヌーム」である。（＝第二ゲーテアヌーム……木造建築であった第一ゲーテアヌームは、先に述べたようにナチの焼き討ちによって焼失している。）その折り、又ちょっとした異変が私の身に起こった。

それは私が店を出す直前の事である。勤めを辞めてから店を出すまでにはある程度のタイムラグがあった。その時間を利用して私は三週間ほどの欧州旅行を目論んだ。初めはいくつかのパック旅行を想定していたのだが、人に相談していたら、いろんな事を言う人がいるもので、行き掛かり上ついつい、ユーレイルパスを使って一人で勝手に旅をする事になってしまった。ホテルは着いた駅の案内所で聞けばいいそうである。聞けばいい、と言ったってそれほど言葉に自信があるわけではない。とはいえ、一応早稲田出のインテリである。そんな事で二の足を踏む訳にはいかない。そんなこんなでだんだん気苦労の方が先に立って来てなかなか軽やかな旅のイメージが湧いてこないままに出発の日が迫ってきた。取りあえずやるべき事から片付けておこうと、床屋へ行く事にした。床屋では概ね目も口も閉じている。親爺と世間話をする習慣もない。従って勢い小一時間余り、居眠りをするか考え事をすることになる。旅の計画を練るには丁度いい環境である。

まず当面の目的地を決める事にした。必ずそこへは行く、という場所である。そうすればコース及び日程のアウトラインが決まるではないか。うむ、それなら候補地はすぐに決まった。ゲーテアヌーム。ルドルフ・シュタイナーの本拠地である。それをおいて他にはない。パック旅行では絶対に行けない場所である。位置的にもそれは丁度良かった。航空チケットは、ロンドン着、チューリッヒ発である。ゲーテアヌームのあるドルナッハは丁度その二つの都市の途上にあった。これにパリを加えれば、後はまあ行き当たりばったりで何とかなるのではないか。どうやらイメージが湧いてきた。散髪が終わったら本屋へ寄って旅行書を買ってこよう。

そうやって何となく一安心したとき、ふと別の思いが心をよぎった。もしかしたら、今回の旅の目的は、初めからゲーテアヌームに行く事にあったのではないだろうか？

と、その瞬間、すべてが氷解したように目から涙が溢れて来た。あれ、なに、これ、どうしたの？　といった感じである。体は半ば椅子に縛り付けられ、頭には鋏を入れられている最中である。その場をどう取り繕ったのかは覚えていない。

これが俗に言う「第三の涙」であるようだ。悲しみや痛みから泣くのではなく、また感激や興奮から湧き出るいわゆる嬉し涙とも、やや異なる。涙が勝手に、ほとんど機械的に湧いて出てくるだけなのだ。この現象は、私自身のその時の感覚からすると、私ではなく「私の中の別の誰か」が、とてつもなく感激して嬉し涙をこぼしている、という感じであった。その「誰か」はおそらくゲーテアヌームに縁りのある人物で、そこへ行ける事になったので嬉しくってしようがないのだろう。どうやらそれは私の過去世に関係した人物であったようだ。

後日判った事だが、私の過去世は必ずしもシュタイナーや人智学協会と直接的な関わりを持ってはいない。しかしシュタイナーがある講演で述べているのだが、シュタイナーの側近、及び協会員の多くは、十一～十三世紀にかけてフランスのシャルトル大寺院で学んだ新プラトン派、及びスコラ哲学派の神学者たちだったそうである。そしてどうやら私もそこで学んだ学僧の一人だったようで、それ故、人智学協会の人々とはいわば旧知の間柄となるらしい……おまけにゲーテアヌームを訪れる数日前、私はそれとも知らず、何故かわざわざ貴重な日程を割いてそのシャルトル大寺院に赴き、その町で半日を過ごしているのだ。言われてみれば、その町並みに私は不思議な親しみを覚え、立ち去り難い想いに駆られた事は確かである。

「第三の涙」は一般には「吉兆」を顕しているとされているが、残念ながらその旅でびっくりするような感銘や感動に出会うという事は別段なかった。ただ間違いなく、私はゲーテアヌームに歓待された。多くの偶然がさりげなく働きかけ、大変心地よい数日を私はその地で過ごす事ができた。


さて「失業者」となった私は、久しぶりに心地よく、のどかな日々を過ごしていた。多少退屈なくらいであったが、そんな日が長く続く事はなかった。

「弟子に準備ができたとき、師の方から彼のところにやって来る。」という話は先に述べたが、果たして準備ができたのかどうか、やって来たのが「師」なのかどうか、はなはだ怪しいのだが、取りあえず「師もどき」が程なく私のところにやって来た。

その人物は年の頃は四十前後、異様に髪の長い、育ちの良さそうな女性であった。彼女は自らを「出口王仁三郎（でぐちおにさぶろう）」の後継者と名乗った。王仁三郎が予言した「尾張より出ずる変性女子」その人であるというのである。それ故「霊統」的には、王仁三郎と同じく「須佐之男」の霊脈を引く者であり、「汝（すなわち私）はその直系に属する御魂を持つ者故、私に従い、世の立替のために働け。」というような趣旨のことを真面目な顔で告げた。それは「私の子分になれ。」と言っているようにも聞こえた。出口王仁三郎の事はもちろん知っていたが、その関係者（?）が突然目の前に現れたのは驚きであった。お伽噺の登場人物が漫画の枠から飛び出して来たような印象だった。

思いっ切り馬鹿馬鹿しい話であったが、そこまで馬鹿馬鹿しいと逆に妙な信憑性も湧いてくる。日本古代史と大本教に関しての深い造詣が彼女に見て取れた事も確かである。何が何だかよく分からないが、暇に任せてともかく「子分」になる事にした。同様に子分になったのが、私の他に男女交えて十数人もいた。いずれもそこそこの霊能を持つ精神世界マニアたちであった。私たちはその集団のリーダーである彼女のことを「姫」と呼ぶ事にした。彼女はいわゆる「霊能者」であった。それも典型的な、筋金入りの「霊能者」であった……ここで「筋金入り」というのは、ほとんど「統合失調症」と紙一重、という事を意味してもいるのだが……。

彼女の「立替」の手段は、別段オウムのように武器を製造する事ではなく、彼女に降りてくる「お告げ」に従って、日本全国の隠れた神社や遺跡を巡り、それらを「浄化」して「繋ぐ」ことであったようだ。実際のところはよく分からない。ただ我々は彼女の命に従い、闇雲に日本各地の神社を廻った。それはそれで旅好きの私にとっては面白かった。彼女は秘境旅行のコンダクターのようであった。（これは世の中に「パワースポットブーム」が起こってくる一昔前の話である。）

ところで一見支離滅裂に思える彼女の「お告げ」に侮れないものがあった事も事実である。まず誰もこんなところには来ないだろうと思えるような東北や中国地方、長野県の山中の鄙びた神社や遺跡にたどり着くと、たいていの場合その傍らに白い標識が立っていて、「大本教」もしくは「皇族」来訪の足跡が見て取れた。確かに「何らかの理由」で、彼らはその山深い地に足を運んでいるのである。何やら、これまた私の与り知らぬ「知識」が、我が国の歴史の背後に隠れているようであった。

「大本教」は現在でも我が国の新興宗教界に「大本」としての隠然たる勢力を有している宗教組織であるが、戦前は今日の創価学会を遥かに凌ぐ巨大な勢力を誇った一大新興宗教団体であった。創始者は「出口なお」という無学な中年女性で、その教団を拡大発展させたのがその娘婿（我らが「姫」がその後継者と名乗る）「出口王仁三郎」（1871‐1948）である。

　王仁三郎が教団を異常なスケールにまで拡大し得たのは「神の働き」でもあるだろうが、ひとえに彼のカリスマ性と桁外れな現実的行動能力にあった。王仁三郎は京都亀岡にあったかつての明智光秀の居城を買い取り、そこに壮大な神殿を建てたが、建設当時教団に金はまったくなかったそうである。「金は後からついてくる」というそんな調子で彼は思いつくままにどんどん事を進めて行った。特に教祖なおの死後は彼の独り舞台で、名実ともに王仁三郎の「大本」であった。教団が拡大しすぎて一度当局の弾圧にあうが、そんなものは平気の平左で、仮釈放後三年で「合気道」の創始者植芝盛平らを引き連れて満州に渡り（もちろん違法である）、なんと当地の馬賊を巻き込み「蒙古軍」を編成する。この「軍」は実際の戦闘も行なったらしく、王仁三郎は敵に捕らえられて銃殺寸前のところを日本の外務省からの要請文書が届き、間一髪で強制送還となったという。

　こうなって来るとやること成す事そして「起こる事」、もはや尋常ではない。彼の名が「精神世界」において未だに語り継がれるゆえんである。帰国して彼は当然また刑務所に入れられるのだが、やはりすぐに保釈され、今度は大本教を拡大した世界宗教連盟的組織「人類愛善会」を設立する。そして新聞社を買収して「人類愛善新聞」を刊行するが、その発行部数はたちまち百万部に達する。「人類愛善会」は「世界宗教連盟」だから当然海外にも足を伸ばす事になり、これもあっという間にアジア、ヨーロッパ、北米、南米、すなわち世界中に三百近い支部を設立している。繰り返すが、王仁三郎のやる事はどれもこれもが壮大で、スピーディーで、そして奇抜であった。そしてその「奇抜さ」も底が抜けていた。「人類愛善会」はやがて「昭和神聖会」という組織に変貌するが、これは右翼の大物頭山満や内田良平を巻き込んだ明らかな「政治結社」であった。(王仁三郎が不敬罪に問われるような「反皇室」である反面、彼と「右翼」とのつながりは意外に深い。王仁三郎は中国の新興教団「導院・紅卍団」と親密な関係にあったと言われているが、「右翼」との共通の利害関係が生じたのもこの辺からではないかと思われる。因みに、「導院」の日本本部はついこの間まで銀座のど真ん中にあり、本部長はそのビルの所有者でもある今は亡き右翼の大物、笹川良一であった。)

こうして王仁三郎の勢いは止め処もなかったが、見ようによってはそこから先は「自滅」へ向かっての一本道でもあった。そのころ王仁三郎は昭和天皇に重ねて「尋仁」という歌号を名乗っていたという。おまけに「昭和青年会」という親衛隊を組織し、彼らに軍服もどきの制服を着せて軍事訓練をやらせたり、自ら白馬に跨がって閲兵式までやり始めた。三島由紀夫の「楯の会」のようなものであったと思うが、いかんせん信徒八百万の組織である。「お遊び」ではすまなかった。王仁三郎が国家に反逆を企てたという証拠は何処にもないが、ついには、やはり「治安維持法違反」で国家から「二度目の」弾圧を受ける事となった。既に一度当局から手ひどい弾圧を受けている王仁三郎にしてみればこれは充分「想定内」の出来事であったはずだが、家族や信者の多くも逮捕されて厳しい拷問を受け、教団は壮大な神殿もろともダイナマイトで木っ端微塵に打ち砕かれた。

確かに危険性を内包した存在には違いなかったが、この徹底的で執拗な弾圧のやり方には、「いい加減にしろ。舐められてたまるか。」という国家の意地のようなものが感じられる。ほとんど官憲と王仁三郎の「遺恨試合」のようなものであった。我が国の代表的な実存主義作家、高橋和巳（彼も又若くして逝去してしまうのだが）は、この教団の盛衰をモデルにして、大作『邪宗門』を著している。

自滅へ向けて突進するこの王仁三郎の行動は、実は彼にしてみれば計算しつくされたものであり、その背景には大本特有の「型の思想」が存在していると言われている。「型」の最も典型的な例が「地図」である。大本では「世界地図」を（かなり無理矢理にではあるが）「日本地図」に押し込めている。日本列島は世界五大陸の型を表現している、というのである。例えば、アフリカ大陸は九州、オーストラリアは四国、北米は北海道、ユーラシアが本州、南米は台湾、だそうである。四国、九州に関しては確かに妙に似ているところはある。

「地理」がそうなら「歴史」もそうである。「大本で起こる事は日本に起こり、日本で起こる事は世界で起こる。」と彼らは言う。

奇しくも六年後の真珠湾攻撃と同日でもある昭和十年十二月八日、大本教本部の広大な敷地は官憲の手により本殿もろとも数千発のダイナマイトで跡形もなく破壊され、王仁三郎も真珠湾ならぬ、出雲の宍道湖（しんじこ）で官憲の「奇襲」を受けて逮捕された。そこで大本教は消滅した、と思いきや、改めて眺めてみれば、大本は今もちゃんと生き残り、かつての綾部と亀山の壮大な敷地に以前にも増して壮麗な神殿を再建し、信徒八百万とは行かないまでも然るべき組織と繁栄を回復している。そして我が日本と言えば、空襲によって国土の主要地がほとんど焼け野原になったにもかかわらず、今や戦前戦中をはるかに凌ぐ平和で豊かな強国を築いている……確かに両者は何となく同調している、と言って言えない事もない……つまり、我が国が平和で民主的な国家に変身するために大本は我が身を呈して「破壊」の型を演じたという理屈である……

もう少し穏便なやり方はなかったのか、とも思うのだが、どうやらそれが主神の意志だという事でもあるらしい。

ただ、そうなると次に待っているのは「世界の大破壊と再生」という事になるのだが（大本はそれを「大立て替え」と呼んでいる）……戦後七十年を経ても、それはまだ起こってはいない。二〇二二年も何とか過ぎてしまったし、さてさてどうなる事やら。


というわけで王仁三郎本人がこの調子であるから、その「後継者」を名乗る我らが「姫」の「じゃじゃ馬」ぶりも半端ではない。さすがに手に負えないと気がついた子分たちが、一人、又一人とグループから去って行った。確かにいつまで経っても儀式や神社巡りが延々と続くばかりで何処にもたどり着く様子がないのでそのうち「飽きて」きて当然である。おまけに「命令」は突然理不尽にやって来る。（何と言っても、すべて神の「お告げ」なのだから）まともに付き合っている方がおかしいといえばおかしかった。

一時「パナウェーブ」なる「白衣の集団」が世間を騒がせた事がある。老齢の女教祖の下、いい年をした男たちが何台ものワゴン車でキャラバンを組み、道路のガードレールを包帯でぐるぐる巻いて回った事件（?）である。何でも宇宙人の発する放射線を遮断しているのだとか何とか言っていたのを覚えている。馬鹿馬鹿しい限りの話であったが、よくよく見ると、我々のやっている事とさして大差はなかった。違法行為こそ行なっていないものの、我々の集団も又「カルト」以外の何者でもないようであった。

ただ、私はこの活動を通じて多くの、実に多くの「霊能者」たちに出会った。大きな病院に行くと、世の中にはこんなにも大勢の病人がいるのかと驚かされるが、それと同じく、行くところへ行くと世の中にはとてつもない数の「霊能者」がいるのだという事が分かる。石を投げれば霊能者に当たる、と言っていいほどであった。コリン・ウィルソンは『オカルト』の中で、霊能者の数は二十人に一人、すなわち全体の五％で、それは社会構造における「支配的少数者」の割合と同じである事を示唆しているが、その数値の根拠が何であれ、私の実感からもそれは事実に近い数値ではないかと思われる。

ところで「霊能者」とはそもそもどういう存在なのであろうか？「選ばれし者」なのか？　それにしては少々数が多すぎるような気もする。彼らの中の多くは、しばしば「病気」とみなされ、その手の病院の門をくぐらされている。これは周囲の無知と理解不足による一種の人権侵害でもあり、本来なら社会問題となって「霊能者の人格を守る会」でも出来ていてよさそうなのであるが、残念ながらたいていの「霊能者」には一国一城の「神様」がついていて、それぞれが「自分が一番偉い」と名乗っているので、横の連携が困難なのである。彼らにとってはいささか気の毒な状況といえるが、しかしながらシュタイナーは又別の観点から、彼らの事を「欠陥者」と規定している。

シュタイナーの「霊視」によれば、「霊能者」と呼ばれる人々は、たいていの場合彼らを取り囲む「エーテル体」のどこかが「破損」しているのだそうだ。その証拠に彼らの「霊視」や「霊聴」は、突然、所構わずやって来る。いきなり目の前に神様やお化けが現れるのである。オン・オフのスイッチを持たない事、この点が、正規の手順を踏んだ「修行者」との決定的な違いだとシュタイナーは言う。

私の場合を例に取れば、「空中浮遊」や「異言」はこの装置を有している。いきなり空中に跳び上がったり、訳の分からぬ事をわめき出したりするという事はない。一方、余興で一つやってみてくれと乞われれば、奇妙な「異言」を人前で披露する事もできる。（これは結構受ける。）オン・オフが自在にできるのである。ところが「第三の涙」に関してはこの制御は利かない。決して頻繁ではないが、それは思いがけない時に突然やってくる……やはり私もオーラのどこかに「穴」があいているのかもしれない。何処までが「修行」によって「回路」を繋いだのか、壊れて「穴」があいたのか判然としないところがある。

こうなってくると「修行」そのものにも問題点が存在する事が分かる。「修行」の種類は多々あるが、それが果たして「回路」を開拓する修行なのか、ただオーラを「破壊」するだけの修行なのか、判断できる基準がない。私がやってきた瞑想を含め、それが「正しい行法」であるか否かを最終的に保証するものは何もないのである。尽きるところその修行の善し悪しは「結果」に委ねるしかない。とはいえそれは一体どのような「結果」を見て判断するのであろうか?

これに関しては我が国随一の経営コンサルタントであり、TM瞑想のシンパでもあり、かつ「とんでも族」の一人でもある「船井幸雄」の意見が結構的を射ているかと思われる。彼曰く「何らかの行法を試みて、もしその人の『人相』が好くなったらそれは正しい行法であり、もし『人相』が悪くなったらそれは間違った行法である。」……これは明快で、かつ事実に即した判定法かと思われる。思えば「オウム」の信者たちは、麻原彰晃の「人相」を見た時に、その事に気づくべきであった。

私が出会った霊能者たち（やはり女性が圧倒的に多かったが）は、総じて貧しかった。精神世界で活動する分、どうしても現実生活がおろそかになるのは否めなかった。同時に経済感覚にも疎かった。中には妙に金回りの良い霊能者もいたが、霊感商法で信者から金を巻き上げているのでは、という印象だった……これも別の意味で経済感覚（商法マナー）の欠如から来るものとも言えた。彼らとはしばしばコラボを組み活動を共にする事もあったが、やる事は相変わらず神社、遺蹟の浄化であった。結局この社会には汚物処理業者やゴミ処理業者が必要なように、我々人間が日々吐き出す精神的汚物を処理する仕組みが必要なのかもしれない。彼らは（我々を含め）その浄化の役割を担わされたボランティアと考える事もできた。

ただ、ボランティアは金にならない。そんな事を続けているうちに、私自身もだんだん懐が怪しくなってきた。仕事を適当におっぽらかしていた事もあって、会社の資金繰りが行き詰まってきたのである。当然といえば当然の事であった。ところがこの辺が「神業」の面白いところでもある。伊達に神様にお参りしているわけではない。

そんな或る日、やはりこの活動を通じて親密になった「大黒教」と名乗る新興宗教の一団が私のところにやって来た。総勢七人ほどの熟年女性たちの集団で、「大黒舞」を全国津々浦々「奉納」して廻っているのだそうだ。これ又「カルト」もどきの集団であった。話は以前から聞いていて、私の会社の一室を彼女たちの宿として提供する事になっていた。会社の近くにかなり大きな神社があったが、できればそこで奉納舞ができるよう話をつけて欲しいと言う。そこの神官とは多少顔見知りではあったので一応話は通してみたが、あっさり断られた。内心ホッとした。「奉納舞」といっても、衣装は浴衣で、ほとんど「盆踊り」のようなものだったからである。結局神社の代わりに社屋の前の歩道で「舞う」ことになった。

日頃余り人通りのない場所であるが、七人が浴衣姿で舞えば結構人目にはつく。ご近所さんが三々五々物珍しげに集まって来てポカンとした顔で見物してくれた。通りを走る車は季節はずれの盆踊りに、何事かと速度を緩めた。彼女たちは一晩泊まり、翌朝礼を言って次の奉納先へと旅立った。人数も多かったし、部屋を提供する以外何のもてなしもできなかったのだが、帰り際に教祖の女性がこう言った。「ありがとうございました。お礼に昨晩は部屋でも皆で舞っておきました。」と。部屋はさして広くなく、皆で舞うにはさぞかし窮屈であったろうと思われたが、私もその厚意に感謝の意を表した。

彼女たちが立ち去った翌日、取引銀行から突然電話が掛かってきた。「いくらでもお貸ししますので、ぜひお金を借りてください……もちろん、無担保で。」という前代未聞の内容であった。バブル期でもあるまいし、こちらから頼みもしないのにうちのような赤字会社に銀行の方から融資話を持ってくること自体がそもそも異例であった。狐につままれたような話であるが、一も二もなくその話に喜んで乗り、たっぷり融資を受ける事にした。お陰で、その後会社は比較的安定した経営を維持できるようになった。

起こった事は、判ってみれば別段「奇跡」でも「魔法」でもなかった。小渕政権最初のバラマキ型中小企業支援策が発動したその日だったのである。それは銀行側にとって「ノーリスク」の融資制度であった。その日は経営状態の思わしくない日本中の中小企業にその手の電話が入っていたのである。それにしても……「大黒舞」のお陰のような気がしないわけではない。

私は「姫」と共に、一度出口王仁三郎の孫「十和田龍」なる人物に会っている。王仁三郎を細身にしたような、眼光鋭い威厳のある人物であった。十和田氏曰く、「これまで私のところに『王仁三郎の生まれ変わり』と称する人間が、既に百人以上やって来ている。」との事であった。さもありなん、と私は姫の傍らで、心密かに納得した。いずれ劣らぬ「筋金入りの霊能者」であった事だろう。

王仁三郎の孫に見限られたからといってひるむような「姫」ではなかったし、私もそれを理由に彼女から離れるつもりはなかった。私が彼女に従っていたのは、彼女が須佐之男の化身であったり、王仁三郎の後継者であったからではない。ただ、やる事が面白かったからである。もちろんけっこう金はかかるし厄介で理不尽な問題もしばしば発生したが、まあ「部活感覚」で臨めば概ね許容できる範囲であった。それに時折、先の「大黒舞」のような出来事も起こるし……。

しかしこれは「カルト」の宿命かと思われるが、そのうち彼女と袂を分かつ時がやって来た。原因は「内部抗争」であった。「カルト」の特徴はその「独裁制」にある。それは「ヤクザ組織」に非常に近い。親分の一言で、白が黒になるのである。子分が口を挟む余地はない。何と言っても親分の背後には「絶対的な」神様が控えているのだから。

この「無誤謬主義」は、自然の成り行きとして必ず子分の中に「不満分子」を生み出す。となると親分は自分と組織の保身のため不満分子の監視とその駆除に神経を尖らせなければならなくなる。これは当然組織の中に疑心暗鬼を生み出し必然的に「内部抗争」が発生する。これはヤクザでもカルトでも左翼集団でもまったく同じ構図である。ヤクザはもとより、オウムでも赤軍派でも、一体何人の人間が仲間の手によって「粛清」された事か。

幸いうちのカルトでは殺人事件が起こるには至らなかったが、それでも不審人物は常に登場した。その内の一人の肩を持った事により私もその一味と見做され「破門」されたのである。まあ私にしてみれば潮時は潮時であった。足掛け四年ほどの活動であったが、私はようやく「カルト」から足を洗った。

ところで、その間私が関わったものは一体何だったのだろうか？　私が行なってきた事は、結局単なる清掃ボランティアに過ぎなかったのであろうか？　それを検証するには、もう少し「大本」の事に、それも王仁三郎ではなく、教祖「なお」の事に触れてみたい。

「大本教」の出発は、西暦一八九二年、開祖「出口なお」（1837–1918）の「口切」から始まる。当時京都府綾部村に住む「なお」は五十八歳で、貧困の極みにあった。そんな「なお」に突然「神」が降りて来た。その神は自らを「艮の金神」（うしとらのこんじん）と名乗った。「なお」は家から飛び出し、髪振り乱して「改心せよ。改心せよ。」と村中を異様な大声で叫んで回った。（私の「口切」は訳の分からぬ「異言」であるが、「なお」の口から出てくる言葉はちゃんとした「日本語」であった。）彼女の怒鳴り声はとめどなく、余りにも喧しかったので、家族によって家の柱に縛り付けられる始末であった。そのうち金神は作戦を変え、その内容を「お筆先」で表わすようになった。いわゆる「自動書記」である。「なお」の「お筆先」は以後三十年間、日々続く事となり、その総数は半紙十万枚にも及ぶという。因みに「なお」は生涯、まったくの「文盲」であった。

ところでこの「艮の金神」であるが、大本によるとこの金神の正体は「国常立尊(くにとこたちのみこと)」と言い、もともとはこの三千世界を統治していた神であるが、その統治手段が余りにも厳格で教条主義的なものであったため、太古の昔、配下である「悪神」たちのクーデターに遭い、天の北東（艮の方角）の片隅に「封じ込められた」という。ギリシア神話で言えば、ゼウスの父クロノスのような立場の神であるが、どうやら「時」が来てその「封印」が解かれたらしい。「なお」の口から出た第一声は「三千世界、一度に開く梅の花、艮の金神の世になりたぞよ。」であった。

しかしながら、もう少し遠近法的な視点から眺めるならば、この「艮の金神」が降りて来たのは「なお」が最初でもなければ、又最後でもないと考えられる。「なお」の登場に先駆ける事約八十年前、江戸末期の一八一四年に、備前今村宮の神官であった黒住宗忠のところにも「万物創造の神」が降りている。このとき宗忠は両親を立て続けに失い、自らも肺結核にかかって明日をも知れぬ身だったという。もちろん神が降りるや否や病気は立ち所に治り、他人を治す力まで授かった。これが「黒住教（くろずみきょう）」誕生の経緯である。このとき宗忠に降りてきた神は自らを「天照大神（あまてらすおおみのかみ）」と名乗っている。

次にこの手の神が現れたのはそれから二十四年後の一八三八年、大和国山部郡、現在の天理市、いわずと知れた「天理教」の創始者「中山みき」のもとである。降りて来た神は「元の神、実の神」と名乗り、みきを「神の社」として貰い受けたいと申し出たという。夫、善兵衛は富裕な農家の主であったが、返答をためらっていると「もし不承知とあらば、この家、粉もないようにする。」と脅され、渋々承諾する。ところが、承諾したにもかかわらず中山家は「粉もないよう」になる。神に命ぜられるままに「みき」は蓄財を貧乏人たちに分け与え、自ら貧困のどん底に落ち込んで行くのである。正に「聖フランシス」の再現であった。この貧乏暮らし（天理教ではそれを「陽気暮らし」と呼んでいる……何となく分からぬでもないが）はその後二十年間も続き、「みき」が六十一歳になってようやく、ヒーリングや自動書記の能力が顕現し、宗教的活動が活性化する。その後八十五歳で没する約二十五年間の間に、今日の世界にまたがる「天理教」の礎を築くのである。「みき」に懸かったこの「元の神」の名前は「天理王命」という。

中山みきにようやく「霊能力」が降りて来たその頃、今度は備中浅口郡の農民「川手文治郎」のところに「金光大神」という神がやって来て、「神の取り次ぎ」を彼に依頼（強要？）する。実はここでも文治郎は扁桃腺で危篤状態にあったところをこの神に助けられていて、金神には「借り」があった。出口なおの登場する約三十年前の事であり、「なお」が神懸かりになった時は近くの「金光教」の助言を仰いでいる。「なお」の初期の「口切」の中に「天理、金光、黒住、妙霊、先走り、とどめに艮の金神が現れて、世の立替を致すぞよ。」というお告げがあるが、これから考えると艮の金神にとって、関西圏一円で約二十五年ごとに起きたこれらの神々の降臨は、すべて織り込み済みの事であったようだ。或いは名前を変えた「同一神」の仕業とも考えられる。大本で艮の金神の事を「主神」と呼ぶとき、そのような概念が背景にはあるようにも思われる。「なお」亡き後、その「お筆先」は王仁三郎に引き継がれるが、その後しばらく「艮の金神」の情報は途絶える。そして現時点では一九四四年、元大本の信者であった「岡本天明」に降りた「日月神示」がその流れを汲んでいるのではないかと見られている。

もしこれらが「同一神」の仕業だとすれば、この展開は旧約聖書の「預言者」の系譜と同じである。神は時と所を選んで、定期的に人類（旧約の場合はイスラエル人、艮の金神の場合は日本人）に語りかけ続けているると考えられるのである。

結論を言うと、私が足掛け四年にわたって関わってきたのはどうやらマハリシのいう「Spirit World」（神霊界）であったかと思われる。「神霊界」というと何やら魑魅魍魎の住む世界のようにも聞こえるが、これは「シータ・ヒーリング」の創始者「ヴァイアナ・スタイバル」の定義する「第五層」という捉え方の方が、よりこの領域の特徴を包括して語っているかと思われる。

私の解釈では「第五層」とは単純に「人間界」の事である。但し、ここでいう「人間」の定義は「エゴ（自我）を持っている存在」を意味する。「エゴを持っている存在」の中に「見えない人間」と「見える人間」がいると考えればよい。宇宙人も「エゴ」を持っている以上「人間」である。そして宇宙人の中にも我々の眼に「見える宇宙人」と「見えない宇宙人」が存在するかと思われるが、いずれも「人間」である事に変わりはない。すなわち「エゴ」がある以上、どんな姿形をしていようとも、又姿形がなくても「人間」である、と考えると、この世界（神霊界、第五層）の実態がよく見えてくる。

「見えない人間」の中には「艮の金神」のような凄い「神様」もいれば、死んで行き場のないただの「浮遊霊」もいる。共通しているのはいずれも「エゴと個性を持った存在」という点である。そして我々人類だけでも相当に「ピンキリ」であるのだが、この拡大した「人間界」は、途方もなくバリエイションに富み、途方もなく「ピンキリ」である。「第五層」と一口に言ってもそれほどに「広大」な領域なのである。「三千世界」どころの数ではない。

この領域の「ピン」の方の存在を我々はしばしば「神」と呼んだり「大天使」と呼んだりしているわけだが、少なくとも「唯一絶対神」ではありえない。何んだかんだ言っても所詮エゴを有する「第五層」の住人に過ぎないのだから。従って「艮の金神」がどんなにもっともらしい、どんなに偉そうな事を言おうが、所詮それは「絶対的真実」ではない。先に述べたように彼らもまた厳密には「群盲」の一人に過ぎず、彼らの語る「真理」も「真理の一ピース」に過ぎないからである。

これがヴァイアナの立場である。ヴァイアナによれば「創造主」の居場所は「第七層」との事である、そしてそこはあらゆるものが瞬時に「創造」される「場」であると言う。

彼女の説が私にとって魅力的なのは、そのような「場」の存在をマハリシも明言している事にある。マハリシはその「場」の事を「あらゆる可能性の場」と呼んでいる。アメリカの「大病おばさん」とインド思想の伝統の系譜の上に立つマハリシの「世界観」が、期せずして一致しているのである。

　この「第五層」という捉え方を適用していくと、私が出会ってきた「姫」を始めとする幾多の霊能者、艮の金神に代表される幾多の神々の位置づけが極めて明確になる。「第五層」の住民の特徴は「エゴがある事」と定義したが、では「エゴ」があるとどのような言動が生まれるであろうか？　彼らの「所属」を確認する上での、彼らの言動の特徴を考察してみると次のようになる。

　まず彼ら、自らを神と名乗る第五層の「見えない人間たち」は、「命令をする」……この時点で、艮の金神も旧約聖書の神「エホバ」も、イスラムの神「アラー」も、イエスも、その辺の霊能者についている神様たちも、すべて当てはまってしまう。考えてみれば「全知全能」の神が事を起こすのに、いちいち人に「命令」する必要などない。ただ「実行」すればいいだけの事である。人に命じたり行為を促すという発想そのものの中に彼らの「エゴ」が潜んでいるのである。

　次に、彼らには何故か必ず、彼らの目的を妨害する「敵」がいる……キリスト教においてはルシファーやサタンがそれであり、大本においてはそれが「イシヤ」（フリーメーソン）であり、八岐大蛇であり、九尾狐であった。我らが「姫」もしょっちゅう「悪霊」の攻撃に身を晒されていたらしく、日々防戦に躍起であった。気にそぐわない人間や「ライバル」になりそうな教祖は片っ端から「悪の手先」と規定され、排除された。だが論理的に考えて、善悪を含め、すべてを創造した全知全能の「神」に「敵」など存在しようがない。「神」のところに「神以外」の存在が登場したとしたら、それはもう「唯一絶対神」ではないのである……論理的に。

そしてもう一つの特徴として、彼らはいずれも「スローガン」を掲げる。(確かに人々を「導く」には何らかのスローガンが必要である。)そしてそのスローガンの内容はほぼ共通して「極楽浄土の建設」である。キリスト教なら「神の御国」、大本教なら「みろくの世」という事になる。彼らの目的は人類を「救う」事にある。しかしながら、そもそもそれが神の「愛」であり「善」であり「目的」であるならば、最初からそのような世界を造ればいいではないか、全知全能の神ならばそのような創造は瞬時にして可能なはずである。しかも……現在のところ、未だこの世に「極楽浄土」が建設された形跡はない。

こうした事から(常識的にも分かるように)彼らは彼ら自身が自称するような「神」ではない。単なる「見えない人間」なのである。とはいえ、私は決して彼らがことごとく「悪神」であり「愚神」だと言っているわけではない。「菩薩道」という言葉があるくらいに、「人間」がある一定レベルの意識状態に達すると、ついつい「人助け」をしたくなるものらしい。それ自体はもちろん悪い事ではないが、しかしそれも厳密に言うならば彼らの「善なるエゴ」に他ならない。考えようによっては、それは「余計なお世話」であり、そのまま苦しませておいても取り立てて支障はないはずである。どのみち彼らが全能の神の如く「瞬時」にして「すべて」を救えるわけでもないのだから。彼らの行為も又「ボランティア」に似た自己満足の「お節介」と言って言えない事もない。

彼らにおいて問題なのは、彼らが自らを「神」と詐称する事かと思われる。彼らがその出現時に「我は見えない人間なり。」とでも言ってくれると多少混乱も避けられるのだが……ただこれも又、彼らにそうそう悪気があっての事でもないように見受けられる。彼らはどうやら、釈迦のように、キリストのように、「偉大な教祖」を演じてみたいようなのである。これは彼らに共通する「無邪気なエゴ」かと思われる。思い起こせば、我らが「姫」にも妙に「無邪気」でかわいいところがあった。

別に「神々」をバカにしているわけではないが、以上のような観点から見ると彼らも又極めて「限定された存在」である事が分かる。だとしたら彼らが預言者や霊能者たちに与える情報も、決して「すべて」ではなく、彼らの「エゴ」の範囲内の「極めて限定された情報」という事になる。「参考意見」としては重宝な場合もあるが、夢ゆめ「すべて正しい」などと思わない事である。間違っても自分が神の代行者として「選ばれし者」なのだなどと舞い上がってはならない。彼らと付き合うにはそれ相応の「冷静さ」が必要である。「神様とは、『友達付き合い』をするのが一番良い。」と言ったのは、先に紹介した船井幸雄である。さすがに「びっくり現象」の名だたる「研究家」だけあって、微細にわたり、この世界の実情をよく把握しているようである。

マハリシはその著書の中で「神霊界の存在と関わるのは何かと効率が悪いので避けた方がいい。(瞑想をして「存在」と直接接触する方が遙かに効率的である。)」といった趣旨の事を述べているし、ヴァイアナも、「そんな暇があったら直接『第七層』にコンタクトすべきである」と主張している。二人の背景やテクニックは異なるが、「神霊界」に対する見解に関しては明確に一致している。何も「神霊界」の神々に頼らなくても、我々は直接「存在」にコンタクトする事が可能であり、そのルートをたどれば、我々は「すべてを知り、すべてを可能にする事ができるのだ。」と彼らは言っている。

その証拠に、「神様」などに頼らなくても人の「想いは実現する」……このフレーズは先ほどからしばしば登場しているが、実は、それは魔術などではなく、もしかしたら「存在」のありようの決定的な要素であるかもしれない……かなり私事になるが、私の「想い」がどのように「実現」したかを次に語ってみよう。

私は大学に入学してから約十八年間、東京で暮らしていた。この中には大学を出てから断食に出会うまでの、私の言う「暗黒の十年間」が含まれる。全般に、暗く、息苦しい想いに満ちた東京生活であった。大学時代とて所詮田舎出の貧乏学生である。働かなくてもいいという事を除けば、それほどハッピーなものではなかった。

私が上京した年に東京オリンピックがあった。もちろんチケットの買い方も分からず、何処かの会場に足を運ぶという事もなかった。テレビもなく、オリンピックは大学のキャンパスを含め、すぐ身近で開催されていながら、私にとっては遠い出来事であった。わずかに、甲州街道の沿道からアベベの快走を眺めたくらいである。当時はオリンピックであったにもかかわらず、アベベの周りを民間人のバイクが何台か併走していた。一位でゴールした後「バイクの排気ガスには参った」とアベベはコメントしていた。まだまだ日本は洗練にはほど遠く、貧しかった。

その貧しさの中、大学のキャンパスは学生運動の「運動場」となっていた。構内の至る所に殴り書きの看板が立てかけられ、授業中であろうが何であろうが、常にハンドスピーカーによるアジ演説があちこちで鳴り響いていた。私が卒業後も続いたこの学生運動は、菅直人も参加したという東大の「安田講堂事件」を経て、「赤軍派」の「浅間山荘事件」でようやく終焉を迎えた。大阪万博が開催され、日本中が「高度成長」を実感し始めていた時期であった。

余談中の余談であるが、大学生活における良き「想い出」を一つ披露しよう。ある日の夕刻、大学の自習室でノートをまとめていた時の事である。ふと横を見ると、私の傍らに一人の麗人が座っている事に気づいた。初めは、あれ、綺麗な学生！と思ったが、よく考えると（考えるまでもなく）、吉永小百合その人であった。その瞬間から私の全身は硬直し、勝手に心臓がどぎまぎし始めた。それは後年マハリシに会った時より遙かに大きな感激であった。もちろん声など掛けられるはずもなく、私はその場にどう留まっていいのか分からなくなった。そして十分も経たない内に到頭自分自身に居たたまれなくなってその場を去った。名残惜しい限りであった。吉永小百合の横に座った。それが私の大学時代におけるささやかな想い出であり、唯一の自慢である。

大学を出た後は就職に失敗し（実のところは「失敗」したのではなく、ただ「働きたくなかった」だけなのではないかと今では思うのだが……とはいえそのような思考自体が根本的な「失敗」であった。）何が何だか分からないまま、気がつけば路頭に迷う身となっていた。

それが私だけの事なのか、それとも「ものを知らない」若者たちにほぼ共通の現象なのかは分からぬが、二十歳を過ぎていたにもかかわらず、私には「働く」という事と「生きる」という事の関連性が、今一つ理解できていなかった。そもそも汗水たらして働く親の姿を見る事なく育った私は「人は食うためには働かなくてはならない」というルールそのものを耳にした事がなかったし、たとえ誰かが語ったところで、ほとんど意味不明のナンセンスにしか聞こえなかった。もともと私は「食べる」事に関心が薄かったし、そんな事のために「働く」など、思いもよらぬ事であった。私にとって「生きる」とは、「学ぶ」事であり、「真理の探究」であり、しいて言えば（金や出世も含めて）「自己実現」であった。その事のために「働き」、お金を稼ぎ、経験を積むというのは極めて理にかなった事であり、なんら文句をつける筋合いはない。しかしながら一日二十四時間のほぼ半分を費やして「食うために働く」など、まさに時間の無駄、人生の浪費としか、私には思えなかった……おおむね、このような認識のもとで、私は「社会」へ旅立ったのである……当然の事ながら、（半分親にも責任があると思うのだが）親には愛想を尽かされ、実家にも帰れず、ただ一人都会の片隅で、ろくな稼ぎもできないまま幾多の職を転々とする羽目になったのである……三十近くになって多少世の中の事の理解も増したところで、どうにか腰を落ち着けたのが、先に述べたアパレル業界である。

私は都心の紳士服店の店長として比較的長く働いた。店長といっても部下が一人の小さな店である。当然薄給であった。ただこの店は、その商品構成や店構えがその街の客層にうまく合っていた。別段忙しい店ではなかったが、店にはポツポツと、今でなら「セレブ」と呼ばれる客たちがやって来た。西城秀樹や目黒祐樹と言った芸能人はもとより、プロ野球選手、テニスプレーヤー、作家、大学教授、現役の大臣、等々である。紳士服店であるにもかかわらず、女優も多く訪れた。今ではみな歳を食ってしまったが、秋吉久美子や桃井かおり、有馬稲子なども訪れた。倍賞千恵子などは店のすぐ近くに住んでいて、しょっちゅう顔を出していた。川端康成や、立原正秋も一度来店している。みのもんたを始めマスコミ関係者も多く出入りしたが、その中には私の大学の同輩や後輩に当たるテレビ局の若手アナウンサーもいた。彼らに接客する時には、さすがに忸怩たる思いがあった。ただ幸か不幸か、この店での経験が私のこの業界における実績となり、最後はバブル期の独立へと結びついたのである。ここで不貞腐れて手を抜いていたら今頃どうなっていた事やら……。

そんな或る日、私は当時親しく付き合わせてもらっていた大学の先輩の家を訪ねた。別段用があったわけではない。たまに家で飯でも食わないかという事であったと思う。秋の近づいたさわやかな日曜日であった。私と先輩は夕食前のひと時、近くの公園を散歩した。共に生真面目な性格であったので、散歩の会話といえどもついついシリアスな内容となってしまう。会話の流れの中で「君は将来何になりたいのですか？」と先輩は訊いた。そのとき私はもう三十を過ぎていた。「将来」とか何とか言っている段階ではなかった。一体お前は何をやっているのだ、と叱責されてもいいはずだったが、彼は優しい人であった。私にはまだ「将来がある」という前提で、親身にそう訊いてくれたのである。しかし私はその問いに対し、おそらく奇妙な回答をした。「ブルジョワになりたい。」と答えたのである。先輩は「Pardon?」とでも言うような顔をしていた。私は慌てて付け加えた。「いえ、別に金持ちになりたいと言っているわけではないんです。ただ、寝たい時に寝、起きたい時に起きる生活、それがぼくのブルジョワの定義なんです。」それはほとんど自分が根っからの怠け者である事を白状しているようなものであった。おそらく先輩もその答えに内心呆れ返っていたと思うが、私なりに正直な答えではあった。もっときちんと瞑想できる時間が欲しかったし、世界のいろんなところを巡りたかったし、又、はっきり言って「農奴制」

には心底うんざりしていた。

もちろん散歩の途上での会話である。ブルジョワに成るためにああしよう、こうしよう、何とかしよう、などと考えた事はない。ただ、そう成れたらいいな、と言っているだけで、成れるなどとも思ってはいなかった。当然である。そんなとぼけた「願望」を人に語ったのも、後にも先にもそのとき限りであった。

その日から約二十年後、カリブ海のホテルのカジノで、私はその時の先輩との会話を何故か突然思い出した。かの「想い」が「実現」している事に、ふと気づいたのである。

私はその時、「カリブ海クルーズの旅」を若い女性と楽しんでいた。寄港地であるバハマの首都ナッソーで下船してから、すぐさま車でアトランチスホテルに向かった。アトランチスホテルはマイケル・ジャクソンも泊まったというカリブ海きっての超豪華ホテルである。敷地の中にはジュゴンの泳ぐ本格的な水族館まで併設されていた。そのホテルのカジノで私は女性を傍らにルーレットに挑んでいた……まるでジェームズ・ボンド気取りであった……ただよく観察すると、かなりいかがわしいボンドではあった。何と言ってもいかがわしいのが、私のそのとき手にしていた「チップ」であった。私が使用していたのは「一ドルチップ」であった。ど真ん中に当ててもせいぜい三千円そこそこの儲けである。私はそのカジノで数時間かけて三百ドルほど稼ぎ、傍らの彼女と手を取り合って大喜びしていた。私は「ブルジョワ」などではなかった。

私たちはその時「豪華客船によるカリブ海クルーズ八日間の旅」というパック旅行に参加していた。クラブツーリズムがシーズンオフに組んだ、総額一人十二万円といういうやけっぱちのような料金のパック旅行であった。世はいつの間にか「デフレ社会」に変貌していた。旅行会社は競って、こうした文字通り破格のパック旅行を頻繁に企画していた。そのような企画を目ざとく見つけては、私は彼女と連れだって海外のあちこちを旅して周った。私がその時所有していたのは「暇」であった。私は「お金」ではなく、「時間」を獲得していたのである。

私は自分が「本当に」ブルジョワになったわけではないのでそれまでまったく気づかなかったのだが、何故かその時、かつての「願望」と「現実」が魔法のようにぴったりと一致している事に思いが至ったのである。あの時私が先輩に語った「望み」は、正確には「ブルジョワ」になる事ではなかった。「寝たい時に寝、起きたい時に起きる」言って見れば「ブルジョワもどき」を望んだのである。正にその時の私がそれであった。私の収入は未だに微々たるものであった。しかし私は、確かに「タイム・リッチ」であった。

ただこれは客観的に見て、かなり矛盾を含む不思議な現象ではある。文字通り「時は金なり」であって、資本主義下においては時間はお金とほぼ同義語、もしくは等価なものである。かつて渡部昇一が『知的生活の方法』の中で「人は時間を『買う』のである。」と述べていたが、この社会で金なしに「時間」を手にするというのはそう簡単なワザではない。金はないが時間はある、というのは普通は失業者か浮浪者の話である。そんなろくでもない事を考えていると「タイム・リッチ」どころかせいぜい「ホームレス」になるのが落ちであろう。私もまた「時間」が欲しいが故に「ブルジョワ」になりたかったのであるが、ところが結局「金」を手にする事がかなわないまま、何故か「時間」だけが手にはいっていた。決して企んで手にしたわけではない。「期せずして」そうなったのである。

私がやってきたことは、ただ日々何とか会社を維持するための資金繰りの努力だけであった。そんな毎日を送っているうちに、いつの間にかそのような環境ができあがっていたのである。もちろんこれには、携帯電話やパソコンの急速な普及といった時代的、物理的背景が寄与している事は確かである。一昔前に比べれば、管理事務に費やす時間は一気に百分の一くらいにまで短縮されたはずである。暇になっても不思議はない……とはいえ、結果的にそのような環境を「出現」させ得たのは、二十年前の私の「想念」に他ならない事を、私は密かに知っている。

「想念は実現する」という考えを西洋世界で初めて公けに論じたのは、十九世紀の心理学者「ジークムント・フロイト」(1856–1939)とその弟子「カール・グスタフ・ユング」(1875–1961)である。

「世界を変えた三人のユダヤ人」(残る二人はアインシュタインとマルクスである)にも挙げられているフロイトは実質的に西洋世界における「最初の心理学者」であった。彼の功績は心の「無意識」(unconsciousness)の領域に光を当てた事にある。「存在の探求」において、宇宙空間でもなく、原子の世界でもなく、人間の「心の深み」へと目を向けたのが彼の歴史的着眼であった。

大洋の深海に直径数十メートルの大蛸が棲んでいる(かもしれない)ように、人間の心の奥底には、もしかしたら思いも寄らない生き物が潜んでいるかもしれない……。ノーチラス号ならぬ、膨大なカウンセリングと夢判断を通して、彼は人間の心の底の底を探求して行った。その探索の結果、彼がそこに発見したものは……大蛸に勝るとも劣らぬ……一種の「モンスター」であった。

フロイト以前は（というより今日でも）人間の行動は人間の思考と意志に基づいて行われるものであり、逆に言えば、人間の行動は、特別な感情的行動を除いて、たいていの場合は合理的説明が可能なものだと考えられていた。「犯罪」には必ず「動機」が存在するのである。しかしフロイト、及びユングは、人間が「思考」と思い込んでいる人間の「表層意識」など、実は自分の行為に対するただの言い訳に過ぎず、その行為の根元には、表層意識から見ればほとんど理不尽とさえ思える暗い衝動、しかも衝動と呼ぶには余りにも冷静で狡猾な「知性」が存在しているのだ、という事を証明して見せたのである。「無意識」を論じたユングの著作の一節に次のような話がある。

ある人物がタクシーに乗っていて事故に遭遇したとしよう。彼はそこで重傷を負い、長期入院する事になる。そしてその事が契機となって、彼は長年勤務していた会社を退職する羽目になってしまう。

「無意識の心理学」は、この事件を次のように解釈する。彼は常々、もしくはごく最近、仕事に不満を感じ会社を辞めたがっていた。しかし家族や生活の問題もあり、そう簡単に辞める事はできなかった。そこで彼の「無意識」は強硬手段を取り、彼を事故に「遭遇」させ、会社を辞めるきっかけを作った……と。さてここで重要なのは、事故の時、車を運転していたのはその人物ではなかった、という点である。彼がドライバーの運転を妨害したという形跡もない。にもかかわらず、彼は事故に遭った……「無意識」はそんな離れ業までやってのけると言うのである。

この解釈に多少とも説得力があるのは、事故というジョイントを経て、会社を辞めたいという彼の願望と、事故の結果起こった事がきちんと結びついている点である。皆がみな、交通事故で入院したからといって会社を辞めるわけではない。彼はただ、事故を契機にエイヤーッと（或いはやむを得ない流れとして）会社を辞めたわけであるが、無意識の心理学では、それら一連の流れを「彼（もしくは彼の無意識）が仕組んだ事」と解釈するのである。もっと卑近な例で言えば、あなたがどこかの家に傘を忘れたとすれば、それは再度この家を訪問したいというあなたの「無意識」の願望を表明しているのだ、とフロイトは語っている。これが「無意識の心理学」の基本スタンスである。

ほとんど「こじつけ」と紙一重のようにも思えるが、一旦この「こじつけ」を容認してしまうと、人間の行動の細部にわたってこの「無意識」が幅広く介在している事に気づく事になる。

誤解を避けるために言っておくと、フロイトもユングも決して「念ずればすべてが叶う。」と言っているわけではない。人の想念は「思いがけない形を取って顕現する。」という事を述べているのである。そこに見られるのは「表層意識」と「無意識」のギャップ、もしくはタイムラグである。人の「想念」は表層意識では計り知れない時間的、空間的プロセスを経て、まるで魔法のように突如として事象の中に顕在化するのである。これは私の「体験」と一致する。

実はこの事は私に限らず、多くの人々が胸に手を当てて考えてみれば気づく事でもある。今自分が置かれている環境が、よくよく考えてみれば、確かにかつて、いつかどこかで、「自分が望んだ事」である事を……私は以前「何でも想いが叶う方法」というのを教わった事がある。その方法とは「強く想って、サッと忘れる。」のだそうだ。この「サッと忘れる」というのがなかなか至難の業で、そう簡単にはいかないのだが、案外人は多くの場面で無意識にこのテクニックを使っているのかもしれない。恩寵も災難もたいていが「忘れた頃にやって来る」ものである。我々の「想い」はおそらく日々実現し続けているのである。ただそこにタイムラグがあるため、それが「実現」した時には（その時点では多分もうどうでもいい事なので）自分が「想った」ことすらもすっかり忘れているという事は大いにあり得る……因みにマハリシの定義した「最も健康な状態」とは、想った事が「すぐ実現する」状態であるという。

ところで、もしこの「無意識」の論理が罷り通るとなると、人間はものを「考えて」行動しているのか「考えさせられて」行動しているのか判然としなくなってくる。もし自分自身の無意識が「考えさせて」いるのだとするなら、ではその無意識とは一体誰なのか？　自分自身なのか、それとも自分以外の「他の何か」なのか？　そもそも心の中の何処までが「自分」なのか？

　ユングはそれに「真の自分」を表す意味で、自我（エゴ）と区別して、新たに「自己」（セルフ）という名を付けたが、とはいえ、名前を付ければそれですむという問題ではない。セルフとは一体何者なのか、それにそう簡単にそれを「真の自己」などと呼んでいいのか。かつて物理学で原子核を物質の最小単位と呼んだ時代があったではないか。「表面意識」が「無意識」によって操作されるならば、更に奥底のその「セルフ」もまた何者かによって操作されているのではないのか？　無意識の底の底の底の暗闇には一体どのような「更なる怪物」が棲んでいるのであろうか？

　フロイトが心理学の創始者として確固たる地位を築いている事は言うまでもないが、それに比してその後継者でもあるユングは、その知名度の割には、必ずしも当初から広く受け入れられていたわけではない。

　フロイトの場合は、無意識の存在を示しはしたが、その底を「性衝動」にとどめた故に何とか「学」として成り立たせ得た。あなたの思考、行動はすべてあなたの心の奥の「性衝動」に影響されているのですよ、と言われれば、胸に手を当てて「なるほどそうかもしれない」と、多少の反発を伴いながらもある程度常人を納得させる事ができるであろう。

しかしながらユングは、性衝動などまだまだ人間の「無意識」のほんの表層部分に過ぎないと考え、その更なる深奥部を追求して行った。そしてとうとう、老賢人や集合的無意識、錬金術やヤントラ等、もはや常人には受け容れ困難な領域にまで行ってしまった。

学会は彼が本当に「学者」なのか、それともただの「神秘家」なのか判断に苦しんだ。あなたの心の奥にはセルフというものがあり、そこには「老賢人」が棲んでいて……等という話を聞かされては、果たしてそれは大学の教授が教壇で語っていい事なのかどうか、確かに一歩引かざるを得ないであろう。

事実、彼の「自伝」によれば、ユングは紛れもない「神秘家」であった。彼は幼少期からしばしば自分の「前世」を目撃し、彼が「No.2」と名付けた自分の中の「無意識」と日々対話し続けてきた。それは彼に自分の「表層意識」である「No.1」との間に内的葛藤をもたらし、彼を「統合失調症」の際まで追い詰めた。彼は本当に「分裂」していたのである。フロイトの扱った症例が主に「ヒステリー症」であったのに対し、ユングが「精神分裂病」（統合失調症）を専門としたのもこうした自分自身の体験を踏まえての事である。

そうした「内的事象」だけではない。ある時など、自宅で木製の厚いテーブルが轟音と共に真っ二つに裂けたり、鋼鉄製のナイフが粉々に砕かれるという「ポルターガイスト」現象まで起きている。しかしながら、彼はその強靭な知性によって何とか持ちこたえた。スイスの名門バーゼル大学の精神医学科を無事卒業し、心理学者としての地位を築いて行く。「患者」になるべきところを、際どく「医者」になったのである。

冒頭で紹介したドイツのノーベル賞作家ヘルマン・ヘッセも彼と極めて親交が深かった。私の感銘した名著『デーミアン』は、ユングからの多大な影響を受けて完成した作品である。『デーミアン』の見開きの一節「私は自分の中からひとりでに出て来ようとしたものを、ただ生きようとしたに過ぎなかった。何故それがそんなに困難だったのか？」という文章と『ユング自伝』の書き出し「私の一生は『無意識』の自己実現の物語である。」という一節の「共時性」は、彼らがそれぞれの作品において、共に同じものを目指し、同じものを語ろうとした事を示している。

更に『デーミアン』に登場する謎の神「アプラクサス」は、ヘッセがユングから貰い受けた「神」である。その神はユングの「自伝」の中にも同じ名前で登場し、「それは神や悪魔よりも、なお『不確定』なものである。」と語られている。

「アプラクサス」(Abraxas)は、古代ペルシャの「拝火教」(ゾロアスター教)の最高神「アフラ・マズダー」(Ahura Mazda)を念頭に置いたものであろうと考えられている。ゾロアスター教は、善悪二神の神によってこの世は成り立っているという立場に立つ宗教であるが、最終的にこの世を「完成」させるのが、善悪を超越した神「アフラ・マズダー」となっている。因みに「ゾロアスター教」という名称は、「拝火教」の始祖ゾロアスターから取られたものであるが、この名のドイツ名は「ツアラトゥストラ」である。ニーチェも又、この「善悪を超越した神」に強い関心と共感を持っていたのである。

ところで、さすがにユングもここまでの事は言っていないが、実は「想念」は「実現する」だけに留まらない。それは「物質化」すらするのである。

念じたものが空中から出現する! 古代インドではこの現象に「リタム」という名前まで付けている。そして「リタム」といえば、「サティヤ・サイババ」(1926–2011)である。

サティヤ・サイババは、マハリシ、ラジネーシと並んで西洋世界に名を馳せた二十世紀の「三大タレントグル」（これは私が勝手につけた名称であるが）の一人である。サティヤ・サイババの登場には一つの歴史的背景がある。彼は誕生名をサティヤ・ナーラーヤナ・ラージュと言い、一九二六年南インドのブッタパルティーという小さな村の貧しい農家に生まれている。一九四〇年、彼が十四歳になったとき、彼は自らを「シルディー・サイババの生まれ変わり」と宣言し、そして「奇跡」を行い始めた。この「シルディー・サイババ」というのは、一九一八年、すなわちサティヤ・サイババの生まれる八年前に他界しているインドの名高い「聖者」で、そしてこのシルディー・サイババ自身も十五世紀のインドの宗教改革者「カビール」の生まれ変わりとされている。つまり「艮の金神」と同じく、或る神が時代を旅しつつ、人々の「救済」に取り組んでいる構図である。サティヤ・サイババは己のその「使命」をよく自覚していたようである。その点は中山みきのように、無理矢理神に頼み込まれたわけではないらしい。

数々の奇跡を行い「聖者」として名を馳せたサイババは、あまたの学校、病院、集合住宅、社会インフラといったものを、マザー・テレサを遥かに凌ぐ規模で、インドの貧民のために次々と建設していった。その功績に対しノルウェーのノーベル賞選考委員会は、マザー・テレサ同様、彼に「ノーベル平和賞」を与えようとしたが、これはサイババの方で辞退したそうである。二〇一一年に彼が逝去したとき、インドの首相マンモハン・シンは彼を惜しみ讃える最大級の声明をインド国民へ向けて発表した。彼は、そのヘアースタイルに似合わず、まさに典型的な「聖者」であった。

しかし彼の名を遠く西洋世界へまで知らしめたのは、彼のその社会的貢献ではなく、彼の起こした「奇跡」、特に「リタム」と呼ばれるその「物質化」の能力にあった。日本のテレビでもしばしば紹介されたので眼にした者も多いだろうが、彼は「ヴィブーティー」と呼ばれる牛の糞を燃やした灰や「アムリタ」と呼ばれる蜜を次々と空中から出現させた。幾多の証言によると、彼が「出現」させたものはそれら「定番」に留まらなかったようである。指輪や時計、肩掛け、時にはカレーライスまで出現させたという。（カレーライスは、皿に盛られた状態で湯気を立てて現れたそうである。）又それは彼の「手」からだけでなく、遠隔地においても出現した。あるテレビ番組では、日本人が自宅に飾っておいたサイババの写真から「アムリタ」が流れ出ている映像が映し出されたし、又インドの某所では、サイババのいなくなった今日でもなお、彼の写真からヴィブーティーやアムリタが流れ続けているそうである。

この「ショー」によって彼の名は世界中に広まり、その結果多額の献金を集めたところから、サイババは「インチキ手品」によって金を騙し取っている、というやっかみめいた非難の声も一部で上がった。確かに「素人目」に見ればそういう風にも取れるだろう。しかしたとえそうであったとしても、彼は寄付を集めて学校や病院を造っただけである。やってる事はマザー・テレサと変わりはない。何も詐欺師呼ばわりされるゆえんはない。それに手品はもともと「インチキ」である。彼が世界一の手品師として金を稼いだからといって、何も文句を言われる筋合いはないだろう。プリンセス・天功にしても、負けず劣らずたっぷり稼いでいるではないか。

サイババを非難する人々は、ただ「そんな事、私は絶対に信じない。」と主張しているに過ぎなかった。彼らが信じようと信じまいと「事は起こっている」のである。私もあるとき父に私の体験した「空中浮遊」の話をした事がある。そのとき父は「そんなもの、目の前で飛んでも信じない。」と言い切った。「あり得ない。」という主張は概ねそういう事なのである。

この「物質化現象」に関しては、シュタイナーが「進化」の観点から、いかにも彼らしい詳細な解説を行っている。彼によれば「物質化」は、いずれ我々の誰もが獲得するであろう「未来の能力」なのだそうだ。

彼はまず、目の前にないリンゴを頭の中で思い浮かべるという事から話を始める。これはもちろん「創造」ではなく「想像」であるが、この想像（イマジネーション）の能力は、比較的最近人間が獲得した能力だと彼は言う。それ以前の人間（ここで彼が想定しているのは一万二千年前のアトランチス人の事であるが）にはこのような能力はなかった。物を思い浮かべるとか、抽象的に物事を組み立てる、などという事は一切できなかった。端的に言えば９×９＝81という概念が、何の事やらさっぱり理解できない状態である。（幼い子供に算数を教える時、この現象が起こる。彼らにとって足し算、引き算まではリアルだが、掛け算、割り算になってくると、それはもう「抽象」で、彼らの未発達な頭脳では理解困難なのである。）アトランチス人の頭脳とは概ねこのような状態であった。もちろんそれをカバーする能力は有していた。それは異常な記憶力であった。彼らは９列に並んだ81本の樽を見て、そのことを記憶した。彼らは何でもかんでも記憶し、記憶した事は忘れなかった。現代のコンピューターと同じである。次に９個の壺が９列に並んでいるのを見たとき、彼らは瞬時にしてその総数が81個である事を認識する。九九によってではなく、過去の映像によって彼らはその答えを導き出すのである。もし過去にそのデータがなかったならば、おそらく一個一個、指でさしながら数えていったのであろう。

さて、我々の所有するその「イマジネーション」の能力であるが、改めて言われて見れば、結構「不思議な」能力ではある。我々が「想像」するのは決してアトランチス人のように「過去に見た」リンゴだけではない。西瓜のように巨大なリンゴや、金色のリンゴといった、かつて見た事もなく、この世に存在すらしないものまで思い浮かべる事ができる。確かにこれは「想像」の域を超え「創造」の領域にまで踏み込んでいると、言っていえない事もない。

そしてシュタイナーは言う。アトランチス人の「記憶力」から、「想像力」へと進化発達したこの能力は、当然方向性を有した能力であり、その能力の未来は次のように準備されている、と……我々のこの「想像力」は、進化と共により一層「リアル」なものとなっていく。我々はいずれ、金色のリンゴを、ただ思い浮かべるだけでなく、あたかもそこに在るかのように、３Ｄ映像として目の前に見る事ができるようになる。そして更に進化が進めば、それは、あたかもそこに在るかのようではなく、かじる事のできる黄金のリンゴとして、目の前に出現させる事ができる、という……これがシュタイナーの語る「リタム」の進化論的背景である。

さすがに機会がなく、私自身はサイババのところにまでは赴いていないが、私の知人の多くが彼のところに足を運んでいる。皆で拝むダルシャンだけでなく、実際に「個人面接」を受け、目の前で彼が空中から取り出した瓶詰めの「アムリタ」を持ち帰った者もいる。そんな知人の一人に青山圭秀氏がいた。

青山氏はベストセラー『アガスティアの葉』で一躍名を馳せた人物である。著書の中で彼はサイババの直弟子を自認しているが、もともとは彼も「TM瞑想」の実践者であり、かなりの古株であった。彼とはそれまで合宿などで一、二度顔を合わせていたが、取り立てて話を交わした記憶はない。彼が私の所に立ち寄ったのは『アガスティアの葉』が話題になった直後で、講演で東海地方を訪れた際であった。私たちの共通の友人であり、やはりTM仲間でもあった大矢浩史氏が私に引き合わせるためわざわざ連れて来てくれたのである。大矢氏はその後、青山氏に触発されてか単身インドに渡り、第四のタレントグル「カルキ」を我が国に紹介している。ただ残念ながら青山氏は多忙の身であり、せっかく来ていただいたが、サイババやアガスティアの葉についてゆっくりと話をする時間は持てなかった。

ここで彼らの名を出したのは、日本の「TM運動」の草分け的存在であり、結果的にその後の我が国の「精神世界」のリーダー格となって行った彼らの「キャリア」についてー言述べておきたかったからである。青山氏は既に知られているように東大大学院の出身であり、二つの博士号を持つ第一級の知識人である。大矢氏もそれに劣らず東京工大大学院出の俊才である。TM瞑想の合宿に参加すると、こうした「高学歴者」に何故か数多く出会う。東大の東洋哲学に籍を置いている現役の「専門家」もいたし、法学部出の弁護士も何人かいた。職種的には、瞑想のための「時間の確保」が必要な事もあってか、商社マンとか銀行員とか忙しそうな職種の人間は少なく、自営業者（それには大企業の幹部も含まれる）とか、弁護士のような自由業とか、公務員とか、比較的時間に余裕のある人々が多かったが、公務員といっても、その中には国立大学の教授や、地方都市の副市長もいた。更に言えば、公務員の「長」である総理経験者の中にもTM瞑想の熱心な実践者がいる。誰あろう、鳩山由紀夫氏である。（鳩山氏の要請により、倒産企業「日本航空」の立て直しを託され、鮮やかにそれを再興した稲盛和夫氏もまた、自他共に認める瞑想者である……鳩山氏については後述する。）

かくのごとくTM瞑想には（日本に限らず世界的に見てもまた）社会の指導的立場に立つべき「知識階級」がゴロゴロしているのである。だからTMは凄い、などと言っているわけではない。ここで私が言いたいのは、「精神世界」とは思いっ切り「知的世界」でもある、という事である。そこは決して「霊能者」や「オタク」の溜まり場などではないのである。

私はここまで『アウトサイダー』を起点として『オカルト』へ到達する「求道者」の道筋を語ってきたが、「神秘」というものはもともと遙かな天体や微細な素粒子の世界と同じく、人間の「知的好奇心」を惹き付けてやまない「知的世界」であり、何も『アウトサイダー』のようにのた打ち回るような苦労をしなくても、ごく普通の健常人が素直に物事を追求して行けば自ずとたどり着く世界でもあるのだ。私の知る限り多くの瞑想者たちは、いずれもれっきとした「社会人」であり、よく言われる「現実逃避者」などではまったくなかった。彼らは決して単なる「信者」ではなく、大なり小なり真摯な「真理の探究者」たちであった。

我が国では神秘学も、宗教も、古代史も、宇宙人情報も一緒くたにして「精神世界」という名のくくりで書店の一角に並べられているが、「神秘学」はあくまで「学」である。「南無阿弥陀仏」と唱えれば救われる、と言うような単純なものではないし、何かが見えたり聞こえたからと言って片付く代物ではない。精神世界は単なるマニア、単なる信者、単なる霊能者たちだけの世界ではなく、それは本来なら「哲学」の延長もしくは発展的形態として、まさに「メタ・フィジカ」(形而上学)として、「思想」の棚の中心に位置づけされるべきものなのである。だからこそ『アウトサイダー』の延長線上にも位置し得るのである。

映画『ダ・ヴィンチ・コード』でも明かされたように、西洋の代表的科学者ダヴィンチもニュートンも共にオカルト系秘密結社に属する紛れもない「神秘学者」であった。（「ダ・ヴィンチ・コード」は、すべてが「お伽噺」で出来ているわけではない。）西洋の「オカルト」（隠された知識）は第一級の知識人たちによって、歴史の地下深く連綿と受け継がれ、「表の科学」にも密かに貢献し続けてきたのである。もしローマ・カトリックの思想支配による二千年の空白がなかったならば、西洋においても、インド哲学を凌駕する「神秘学大系」が築き上げられ、物理学はとっくの昔に「リタム」の謎を解明していたであろう。

繰り返すが「神秘学」とは「教養」なのである。それも極めて高度で重要な教養なのである。この教養なくして我々は生の本来の姿を知る事はない。ユング心理学が語っているように、我々が「現実」と呼ぶ「表層意識」の中で生きている限り、我々はミズスマシのようにただ存在の表面をぐるぐる泳ぎ回っているにすぎないのだ。意識の深み（そこが神秘の領域なのだ）の知識と実感を手にしてこそ初めて、我々は世界が「立体」である事を知り、生の真の豊かさを垣間見る事ができるのである。人生が「生きるに値する」ものである事を知るのは、その地点においてなのである。

当然横道にそれる話であるが、元総理かつＴＭ瞑想者である鳩山由紀夫氏についてここで一言コメントしておこう。人も知るように「組織」というものはトップが変われば大きく変わる。そのトップが洗練された頭脳を持ちバランスのとれた人格を持ち合わせていれば、遅かれ早かれその組織の体質もまた洗練され調和的になって行くものである。日本航空に起こった事がそれである。思いっきり歪つになったが故に大きく傾いていた巨木が、稲盛和夫氏という一人の瞑想者の出現により正常なバランスを取り戻し（いわばみんなが正気に返り）その人材群からして当然可能であったはずの本来の業績に立ち戻ったのである。（瞑想的視点ではそういう事である。）

ヒマラヤを下り、俗世界へ向けてＴＭ運動を開始したマハリシの目的は「世界平和の実現」であった。世界に瞑想者が増えれば、それも指導的立場にある瞑想者が増えれば、世界平和は自ずと実現する……いわばこれがマハリシの世界平和実現の戦略であった。その目的と戦略は今日でも変わっていない。ＴＭ瞑想にはそれだけの力と可能性が内包されている。それがマハリシの自負であり、また確信でもあった。

さて、そこで鳩山氏である。彼が総理に就いた事によって我が日本は、より洗練され、より調和的な国家となったであろうか？　……答えは残念ながらノーである。

「宇宙人」とか「善意の暴走族」とか言われているように、彼が瞑想的な首相であった事は確かである。彼の躓きのもととなった沖縄の基地問題にしても、実は彼ほど沖縄県民の心情に寄り添い、基地の海外移転を「本気で」模索した首相はいなかったはずである。彼はアメリカと喧嘩してでも基地を移転しようとしたのである。そして結果的に、その喧嘩に負けて、首相の座まで追われる事となってしまった。首相になったら何でもできる、アメリカの大統領にも勝てる、と勘違いしたのが彼の「暴走族」たる所以であり、いわば瞑想的オポチュニズムであったのかもしれない……当然の事だが、瞑想は「魔法」ではない。従ってその働きにも限界はある……しかし、われわれ瞑想者からするならば、彼が首相になった事はまさに千載一遇のビッグチャンスだったのであり、そこで日本が変わり、瞑想の評価が社会的に高まり、瞑想者が増え、ますます日本が調和的で洗練された国家へと成長して行く、そんな好循環の引き金となってもよかったはずなのだが、という思いは残る……時期尚早であったという事かも知れないが……とは言うものの、その一方で、近年インドの首相に就いたナレンドラ・モディ氏もまたＴＭ瞑想の実践者であり、マハリシの信奉者である。彼は首相に就任するや否や、政府に「アーユルヴェーダ・ヨーガ省」という新たな省を立ち上げ「ヨーガ大臣」なるもの誕生させた。そして教育部門では公立学校のすべてに、英会話ならぬ、「ＴＭ瞑想」の導入を義務づけた。更に彼は国連にまで働きかけ「国際ヨーガの日」なるものの創設を提案し、採択させた。その結果二〇一六年から、毎年六月二十一日が「国際ヨーガの日」となり、我が国を含め世界中でヨーガ普及のためのイヴェントが催されるようになった……どうせの事なら、我が鳩山首相にもこれくらいの「暴走」をして欲しかった、と思うのだが…。

話をもとに戻そう。さて先ほどのシュタイナー説による「黄金のリンゴ」ではないが、想念が物質化するなどというのは一体どういう事なのであろうか？　本当にそれが事実だとしたら（サイババを見る限りそれはどうやら事実らしいのだが）それは一体どのような「物理現象」と考えればいいのだろうか？　無から有は生まれない。それは西洋哲学の鉄則である。「リタム」はその法則に抵触している。ならば、その法則そのものが無知と固定観念による西洋哲学の誤りなのだろうか？　そう考えてもよい。しかしながら古代インドは、この問題においてもう少し（もうほんの僅か）論理的な回答を有していた。

サイババ、及びシュタイナーの言う未来人がその想念によって虚空に生み出したビブーティや黄金のリンゴは、実は「物質」ではない。想念から生み出されるものはあくまで「想念」でしかない。つまり、我々の誤り（もしくは錯覚）は、ビブーティや黄金のリンゴを「物質」だと認識しているところにある。それらはもともと「物質」などではなく、初めからすべて「想念」なのである。なるほど、もともとこの世が「想念」で出来ているのだとしたら、その想念を（同素材の）想念でもって、消したり出したり動かしたり、操作するのはそう難しい事ではなさそうである……この世はすべて「想念」から出来ている……それがインド哲学の代表的な概念である「マーヤ」の思想である。

「マーヤ」とは、サンスクリット語で魔術・幻影を意味する。つまりこの世はすべて神が手品のように創り出した幻影であり、何ら実体の無いものである、という考えである。

そしてサイババに限らず、「瞑想」や「ヨーガ」等のインドの行法は、すべてこの「マーヤ」の認識を基礎にして構築されている。

先にも述べたようにヨーガや瞑想は人が悟りへと向かうための行法であるが、そのテクニックの実態は人間の「無意識」を操作する事にある。それは「パタンジャリ」の『ヨーガ・スートラ』に詳しく（ラジネーシに言わせればまるで「科学書」のように精密に）記述されている。

『ヨーガ・スートラ』は日本語で「ヨーガ根本教典」と訳されているように、今日の「ヨーガ」の基礎となっている文献である。その著者「パタンジャリ」は紀元二世紀頃に実在した人物で文法学者として知られている。従って実質的には著者というよりも、古代よりインドに広く伝わってきた「ヨーガ」の知識を手際よくまとめた「ヨーガの編纂者」である。ただ、そのまとめ方が極めて整合性に富み論理的であったため、今日なおヨーガの「聖典」としての評価を保持し続けているのである。ラジネーシはパタンジャリの事を「インドのアイシュタイン」と呼んでいるが、彼は同時に又、インドのユングでもあった。『ヨーガ・スートラ』は「無意識」の領域を論じた書に他ならない。

『ヨーガ・スートラ』では、いわば「無意識の極」である「悟り」に到達するためのテクニックを段階を踏んで伝えているが、それに付随して顕現してくる様々な「超能力」についても述べている。この書に従って訓練すれば「リタム」を含め、実に六十四種類もあるというそれらの超能力も自ずと獲得できる仕組みになっている……確かに「科学的」である。実際に「超越瞑想」の裏技「空中浮遊」も、このテキストに基づいて行われるものである。私自身その事を体験しているので、サイババの「物質化」もまたインチキではないと断言できるのである。あれは「手品」などではない。

それは「マーヤ」の知識に基づいたインドの「科学」なのである。

すべてが「幻影」であるというこの「マーヤ」の思想は、基本的に「無」を嫌う西洋哲学にとっては馴染み難く受け入れ難い概念であった。それ故ほんの少し前までは、それはただ単にインドの貧しさを助長する現実逃避的な迷妄として片付けられ、まともに「思想」として取り上げられる事はなかった。ところが近年になり「ヴァーチャル・リアリティー」という言葉が登場してから、ようやく、文字通りリアリティーを持って、西洋世界にも受け取られ始めてきた感がある。その一つの結果が、一九九九年に公開されたキアヌ・リーブス主演の映画『マトリックス』である。

この映画では、未来世界の支配者である大型コンピューターが人間一人一人を電力発生装置であるカプセルの中に閉じ込め、その生命力をコンピューター帝国を支える基礎エネルギーとして利用している。そしてその人間電池の耐用年数を保持するため、人工授精で繁殖させた人間たちに、そのカプセルの中で生まれて死ぬまで一生「夢」を見続けさせる。それもただの夢ではない、精密にプログラムされた二十世紀後半のニューヨークを舞台とした夢である。その夢の中にはすべてのカプセル人間たちが参加する。即ち彼等は同じプログラムの中で相互関連的な夢を見るのである。

それに気づいた、文字通り「目覚めた」人間たちが、カプセルから抜け出し、支配者であるコンピューターに対し反乱を起こす、というのがこの映画のストーリーであるが、この映画の面白く、且つ恐ろしいところは「もしかしたらこれは事実かもしれない」という微かな疑いを我々観客に喚起する点である。この映画における「支配者コンピューター」を、そのまま「知的創造主－神」に置き換えても、ほとんど矛盾は出てこない。つまり我々のこの現実が人類共有の一つの「夢」である可能性を、必ずしも否定できないのである。

人間が蝶になった夢を見ているのか、蝶が人間になった夢を見ているのか、かの荘子が提起したテーマに、我々はまだ答え切れてはいない。

これと似た哲学的テーゼとして、川原栄峰教授の師であり、カント研究家であり（NHK連続テレビ小説「おはなはん」のヒロイン樫山文枝の尊父でもあられる）樫山欽四郎元早大教授（1907–1977）が、その著『哲学概説』の中で次のような興味深い問い掛けをしている。

「もし人間がこの地上に存在しなくなったら、果たして富士山は存在するか？」という問い掛けである。

人間は人間、富士山は富士山であるから、人間が地上にいようといまいと富士山は昔から在ったし、在るし、これからも在るだろう、と思いがちだが、事はそう簡単ではない。実は我々の存在、及びこの地上の存在のすべて、ひいては我々が観測可能な大宇宙も含め、我々が「そこに在る」と認識しているものは、すべてその存在を我々の「五感」に依存している。富士山はそこに「在る」のではなく、正確には我々の五感によって、富士山として「認識」されているに過ぎない。人間の視覚なしには、富士は富士としての形を維持し得ないのである。

ならばそこに在るのは何か？　現時点での素粒子論的視点から言うならば、そこに在るのは素粒子によって織り上げられた或る一定の「情報の集積」である。その集積された情報を、我々の五感、もしくは視覚は映像として捉え、脳の中で再構築する。そのプロセスを経て出来上がるのが「富士山」である。富士山は決して「見えている」のではない。富士山から送られてくる光の波を我々の視覚が捉え、その波動を脳の中で「色」に変換し、そして初めて富士山として脳に映し出しているのである。我々はそこに「在る」ものを見ているのではなく、そのように「見える」ものを見ているに過ぎない。突き詰めれば、五感によって事物を把握しているわけではなく、むしろ五感が事物を「形成」していると考える方が、より真実に近いと言える。

この視点に立てば、見られている富士山とそれを見ている我々人間との間に「境目」は無い。それは一つの連続的な素粒子の「うねり」にすぎない。しかもその素粒子でさえ、最終的には人間の五感によって確認されたものに他ならない。だとすればその存在すらも危ういものとなる。究極的には、そこに在るのは「無」もしくは「不可知の情報」という事になる。「すべてが幻影」だと言うインドの「マーヤ」論も、あながち暴論とは言えないのである。

この古代インドの「マーヤ」の概念は、その後の仏教哲学において更に興味深い思想に変貌して行く。それがかの有名な「色即是空」における「空」である。

この「空」は仏教以前の「サーンキヤ哲学」の「空」とはかなりニュアンスを異にする。サーンキヤ哲学の「空」は「五大」（＝地火風水空）の空であり、存在を構成する「一素材」の意であったのだが、仏教の「空」は「マーヤ」の概念を色濃く受け継いだ理念であり、「無実体」の意が強い。但し「マーヤ」が「神の創った幻」という比較的素朴な概念であったのに対し、「創造主」というものへの関わりを嫌う仏教は、その「幻」の出現に極めて精密な理論構築を行った。それがかの「唯識論（ゆいしきろん）」である。

「唯識論」によれば、この世の「幻」を創り出しているのもまた人間の「意識」である。それも心の深い深いところに在る人間の意識である。その名を「阿頼耶識（アーラヤシキ）」と言う。そして、その「幻」に打ち興じ、恐れ慄き、苦しみのた打ち廻っているのも、又人間自身である。幻を「見る」人間の意識を「六識」と言う。「五感」の意である。

これが何を言っているかと言えば、人は「阿頼耶識」という己の意識の一部でもって自らの人生を「空」のスクリーンへ映し出し、その一方で、己のもう一つの意識である「六識」でもって、その映像（＝創りだされた現象）に一喜一憂している、と言うのである。

これはそのままユングの「無意識論」である。いや、むしろユング以上に壮大で且つ完成度の高い「無意識論」であると言えよう。

人間の脳はその生涯に亘ってほんの三％くらいしか使用されないままでいる、という説がある。では残りの九十七％は一体何をしているのだろう？　ずっと眠ったまま夢でも見ているのだろうか？　事実はどうやらその逆のようである。夢を見ているのは表面意識の三％で、あとの九十七％は密かにその夢を織り続けている（らしい）のである。

それではまるで生涯一人でジャンケン遊びをしているようなもので、まったくのナンセンスではないか、と言いたくなってしまう。まさにその通りである。だからそろそろこのようなナンセンスは終わりにしよう、というのが釈迦の立場である。

仏教の創始者釈迦はインド哲学史における「異端児」である。釈迦の行なった事は、当時のエリート階級であった「バラモン教」に対しての宗教改革であった。彼は、哲学かぶれしたバラモン教に真っ向から対立し、ヴェーダの語る小うるさい「存在の真実」などという問題は人の生きる助けにならないとして脇へ避け、人間の生きる正しい道とは何かを説いた。その意味で哲学史的に見た釈迦の登場は、古代ギリシアにおけるソクラテスの立場に似ている。

「ソクラテスによって哲学は堕落した」とは、ニーチェの有名な言葉である。ニーチェがここで何を言っているかと言えば、本来哲学とは、それがどのようなものであれ、存在の在りようを「自分自身に関わりなく勇敢に見つめる事」であったはずなのに、ソクラテスは「人間如何に生きるべきか」などという（哲学者として実に女々しい）テーマを持ち出した、というのである。

ソクラテスに対するこのニーチェの評価は重要である。それは「哲学とは何か？」という「哲学」の定義を明快に語り切っているからである。哲学は人間の日常性とは関わりなく、ニーチェの言うように「存在の在りよう」を追求する学である。そこには創造主に面と向かって対峙する毅然とした姿勢が存在する。これはいわば宇宙学であり、天上学である。それはただ「観る」ただ「知る」という行為であり、そこには何一つ「価値観」というものは介在していない。もしそこに何らかの価値観が関わってきたら「観る」という行為自体に偏見が生じ、在るものが在る通りには見えなくなってしまうからである。この姿勢は今日でも学問の基本的立場として特に科学の世界には厳しく受け継がれてきているし、又、これは人が物事を見極める際の「洞察力」に通じる視点でもある。

これに対して「人間如何に生きるべきか？」という問い掛けは、明らかにこの「地上」に重心を置いた問い掛けであり、そこには初めから「私は如何に生きれば得か？」という地上の「価値観」が内在している。「人間的な、余りに人間的な」その狡猾さをニーチェは嫌ったのである。

仏教の存在論はヴェーダの語る「それ」（存在の根源）を敢えて無視している。仏教は、この時空間の中にあって、我々人間がその感覚器官で認知できる世界のみを「一切法」即ち「存在のすべて」と規定した。たとえ他に何等かの世界があろうとも、それは我々人間の認知し得ないものであり、認知し得ない以上それは我々にとって無きに等しい世界である、と仏教は考える。それは又、この現象界である時空間の世界こそが、仏教の取り扱える限界であり、また取り扱うべき世界である、と予め自らの能力の限界とその役割を規定したとも言える。先に述べた認識論でもってこの「現象界」という言葉を定義するならば「全存在の内、人間の五感によって切り取られた部分」という事になる。それが仏教、および今日の「科学」が取り扱う世界なのである。

どちらが良い悪いという問題ではないが、しかし、だからこそ、冷徹な哲学的視点から釈迦の教えを検証するとき、思いがけない綻びが出てこないとも限らない。「人間如何に生きるべきか?」という問いに対する回答でもある釈迦の教えを今一度振り返ってみよう。

仏教の説く生の目的は「悟り」であり「解脱」である。即ちこの世の「輪廻」から解き放たれ「涅槃」へと到達する事が人間の最終目標として設定されている。

では何故そのような目標が生まれたのであろうか? それは釈迦がこの世を「苦の世界」と観たからに他ならない。

仏教の経典ではこの世の代表的な「苦」を四つあげている。四苦八苦のあの「四苦」である。四苦とは「生老病死」を指す。苦の一等最初に「生」を持ってきていること自体、最初からこの世を否定している事に他ならない。この世に生を落とすこと自体が「苦」の始まりだというのである。「老病死」は言うまでもない。若き釈迦が賢者に案内され、生まれて初めて老人、病人、死人という恐ろしく醜いものに出会ったところから彼の宗教的出発が始まる、という有名な逸話に釈迦の宗教的テーマというものが端的に集約されている。

この世は「苦」である。この世でいかに物質的、政治的栄華を誇ろうとも、人は必ず老い、患い、そして死んで行く。仏教には一方で「輪廻転生」という一種の永劫思想が存在するが、それを加味したとしても、たとえ何回生まれ変わろうとも、人はこの限界性から抜け出す事はできない。輪廻はただ「永続する苦」を提供しているに過ぎない。それ故この理論は必然的に「出口」を求める事になる。それが「解脱」であり、「涅槃」である。

従って生を受けている間に人は行をし、悟りを得なければならない。仏教徒の「修行」の意味はここにある。仏教の説く善悪論、価値観も又「悟り」を基準に設けられている。この世の「正しい生き方」のガイダンスである「八正道」も、悟りに至るための最も効率的な生き方を述べたマニュアルに他ならない。

しかしながら、これは何故か誰も言わない事だが、この釈迦の論理展開には一種の飛躍というか、大きな検証の「欠落」が存在している。その飛躍とは「苦＝悪」という断定である。

確かにこの世は苦に満ちている。病はともかく、老・死は誰しも避けて通れない道である。だからと言って、果たしてそれらは本当にそこから脱出を図らなければならないほどの「悪」なのであろうか？「生老病死」を「苦」と規定し「悪」と規定したのは、いささか釈迦の早合点ではなかっただろうか？　という疑問を挟み込む余地がそこにはある。もしかしたら仏教の教理体系は、この釈迦の早合点の上に築かれた壮大な蜃気楼ではないだろうか？

そのような疑問を投げ掛け得る根拠は、仏教の論理展開が苦の世界である「この世」の視点から出発している点にある。悟りも涅槃も極楽も、或いは菩薩による救済も、すべてこの世あっての相対的存在に他ならない。仏教は「救済」のための教えであるのでそれはそれでいいのかもしれないが、敢えて釈迦の回避した「存在論」的観点からこの論理体系を眺めるならば、そこには「この世の成り立ち」を語る視点が欠落している事に気づく。論理の飛躍とはその点を言うのである。

この世は苦に満ちている。それは分かったが、だから直ちにそこから退避せよ、ではなく、何故この世は苦に満ちているのか？　そもそもいかなるプロセス、いかなる原因によってそのような世が出来てしまったのか？　しばしばキリスト教徒が素朴に問い掛けるように、もしこの世界を神がお作りになったのであれば、何故このような悲惨さが世に満ちているのでしょうか？　という問い掛けが今一度為されなければならないし、又それに対する何らかの回答も提示されなければならない。そうでなければ、もし万一何らかの必然性の許にこの世があり、この世の苦が存在しているのだとすれば、「解脱」というこの世からの脱出は、もしかしたら取り返しのつかない誤った選択であるかもしれない、という危険性が残されるからである。

そういう疑問が提示されるだけの大きな検証の欠落が仏教にはある。その検証とは「四苦の無い世界」の検証である。四苦の無い世界……それは一体どのような世界であろうか？

その世界に「老い」はない。となると、その昔「酒は旨いし、姐ちゃんはきれいし」という「天国の歌」が流行った事があるが、そこは若々しい青年とピチピチとした若い女性で満ちあふれている事になる。もちろん病もないから不健康な顔をした者もいない。いずれも美男美女の集まりである。そして死なない……永遠に生き続ける……さて、ここに検証すべき問題がある。

これらの美男美女たちは、永遠に生き続けて何をするのであろうか？　永遠に生きるとは一体どんなライフスタイルを彼らにもたらすのであろうか？　考えようによっては、いや考えるまでもなく、それはどんな地獄にも勝る、死ぬほど退屈な世界ではなかろうか?

「不老不死」も四苦の世界においてこそ価値がある。一方に四苦の世界が存在してこそ相対的価値を持ち得るのである。だがもしそのような世界が単独で存在していたなら、そこの住民は生そのものに途方に暮れるのではないだろうか?

そこに可能性としての「死」があってこそ、「生」は生としての緊張感いわば「リアリティー」を持ち得る。映画『マトリックス』の中で、かのエージェント・スミスはモーフィアスに次のように語っている。

「我々は当初、この二十世紀のニューヨークのような粗悪な世界ではなく、人間たちが安心して平和に暮らせる完全なユートピアをプログラムした。しかし人間たちはその世界に現実感を持つ事ができなかった。彼らは苦痛のない世界に耐える事ができなかった。早晩そのプログラムは崩壊した。」

もしそこに死が無ければ生そのものも存在し得ないのは、実は自明の理なのである。四苦の無い世界、もしかしたらそこは「何も無い世界」かもしれないのである。

その「何も無い世界」から我々は「ここ」へやって来た、とするのがマダム・ブラヴァツキー率いる神智学協会の「逆進化」の思想である。

マハリシやシュタイナーの説く「生の目的」は「進化」であった。それはこの「物質世界」から意識を拡大して行き「霊的世界」へと向かう事であった。釈迦の語る「涅槃」もほぼ同様の概念であろう。この点に関しては「神智学協会」も同意見である。しかし我らが向かうべきその「究極の霊的世界」とは、実は我々が「ここ」へと向かって旅立った、その「出発地」でもあるのだというのが彼らの認識である。「進化」の方向は「一直線」ではなく、「円」もしくは「曲線」であるというのだ。

「太初（はじめ）に言（ことば）ありき」というのは「ヨハネ福音書」の冒頭の一節であるが、では「言」の前には何があったのだろう？　もちろん「何も無かった」。神は「無」の中でまどろんでいた。そして神は突然目覚め、「言」を発して「創造」に取り組み始めた。何故？　……ここまでの文脈から見れば、これはもはや想像に難くない。神は「退屈」していたのである。

この「退屈」というキーワードで「この世」を眺めてみると、我々「人間」もまた、日々「退屈」と戦っている事に気づく。我々は食うに困ると、このままでは死ぬかもしれないという恐怖から、つい盗みを働いたり、人を殺めたりする。が、その一方で、物質的環境が余りにも満たされると、明日何をやればいいのか途方に暮れてくる。そして、その退屈を克服するためやたらと旅行に出かけたり、要らないものを買い込んだり、百億円のギャンブルに挑んだりする。一見狂っているようにも見えるが、実はいずれも「人間」の正常な性向なのである。我々人間は「死の恐怖」と「退屈の恐怖」の狭間で生きているのだ。そしてこの狭間の中でこそ、生は「生」としての緊張感と解放感、すなわち「存在する事の実感」を保持し得るのである。

神には「退屈」はあったが、この「死の恐怖」はなかった。消失も崩壊もなかった。この「物質界」のみに存在する崩壊性、すなわち「生老病死」こそ、退屈から目覚めた神が目指した彼の「創造」であったと考えられる。「永遠」に代わって「死」、すなわち「時」を、神はこの「仮想空間」に創り出したのである。

「逆進化」の途上にある「見えない人間」たちにとっても事情は同じである。旧約聖書「創世記」の第六章「神々の降臨」は、この辺のいきさつをよく伝えている。

「人、地の面に増え始まりて女子これに生まるるに及べる時、神の子等、人の娘の美しきを見てその好むところのものを取りて妻となせり。エホバ言い賜いけるは我が御霊永く人と争そわじ、其は彼も肉なればなり。然れど彼の日は百二十年なるべし。この頃地にネピリムありき。又其の後神の子等、人の娘の所に入りて子女を生ましめたりしが、其等も勇士にして古昔の名ある人なりき。」

いわゆる宇宙人地球侵略説者にとっては格好の材料となっている箇所であるが、これはどう読んでみても、人類の草創期に、当時の人類よりも優位な立場にある或る存在たちが若い女性たちを犯し、もしくは娶り、子を産ませた、と書かれている。それらの存在は、神であるエホバにとって「我が御霊」であり、しかも「肉体」を持っている。おまけに、エホバはそこで彼らの寿命を決めている。最高年齢百二十歳、と。という事は、地上に降りる以前には、彼らに寿命はなかったとも考えられる。寿命だけでなく、おそらく肉体もなかったと推測される。エホバの言葉の解釈はほとんど次のような事である。

「私の分霊であるこれらの神々が、永遠に地上で人間たちと争い続ける事はない。というのも、地上に降り立った以上、彼らもまた死すべき肉体を持つ事になるからである。彼らの肉体の耐久時間は百二十年にセットされている。」

「創世記」の挿話に共通しているテーマはいずれも「神々の降臨」であり「堕天」である。「エデンの園」からの追放の逸話もまた、人類の「天国から地上への移住物語」と言えなくもない。（アダムもイブも「エデンの園」で相当退屈していたであろうから）そしてそれらの物語の特徴は、基本的に「エホバの視点」で語られている事にある。つまり「あの世」を基点とし、あの世からこの世を眺める「神々の視点」で書かれているのである。これは迷妄苦界である「此の世」を基点とし、脱出先として彼岸の「涅槃」を眺めるという仏教の視点と見事な対比を成している。そして同時に仏教が目指した「ゴール」に対し創世記は「否」という明快な回答を与えているようにも見える。何故なら神々は「永遠の命」を捨て、嬉々として「この世」に降りて来たのだから。

これら「降りて来た」存在が神々であろうと宇宙人であろうと事情は同じである。いずれにしろ彼らは地上に降りて来るまでは逆進化の途上にある「見えない人間」(肉体を持たない存在)であったのだ。そしてそんな彼らにとって、この世は「快」であった。これまでの果てしない生の退屈さと比べ「死」を背負った生は日々緊張と興奮に満ちていた。そこには戦いがあり、恋があり、セックスがあり、飢えがあり、死の恐怖があり、食べる喜びがあり、退屈などしている暇はなかった。そこは朝から晩まで楽しめる、まるで「ディズニーランド」のような世界であった……彼らは嬉々として闘い、殺戮し、略奪し、女を犯した。

さすがに見かねた「監視役?」が慌ててモーゼを呼び出し「汝殺すなかれ、盗むなかれ、犯すなかれ。」と諭したのが「十戒」なのかもしれない。当時の人間たちはそんな事を改めて言われねばならぬほど「自由」だったようだ。しかしながら彼らの

「自由」に「代償」がないわけではなかった。「存在」は常に「フェア」である。

　創世記の記述では彼らの寿命は確か百二十年であったはずだ。その寿命を全うした彼らは「ああ、面白かった、くたびれた。」と言って、そそくさと故郷へ帰るのであろうか？　そうはいかない。せいぜい一服できるくらいである。彼らの行く手には仏教が「永遠の苦」と規定した「輪廻転生」が待っていた。一旦この地上に舞い降りたからには、そう易々と「故郷」には帰れない仕組みなのである。これは創造主の仕組んだ一種の罠であった。なかなかよくできている。


　古代インド人はこうして地上に絡み取られた神々の様を見て、それを「リーラ」と呼んだ。「神の遊び」の意である……「リーラ」というこの哲学用語は、「マーヤ」の世界の「存在理由」そのものを指していた。

　神は「退屈」を解消すべく、自らの「遊び場」として「マーヤ」の幻想世界を創り出したのである。これが古代インド人が到達した「存在の真実」であった。サイババが「人生はゲームである。それに打ち興じなさい。」と言ったのは、この概念を踏まえての事である。

　とはいえ、どんな「遊び」も長い事やっていれば、いずれ「飽きて」くるものである。当初は「快」であったこの世の「遊び」も、果てしない「輪廻転生」を繰り返している内に、次第に「苦」へと変貌していった。（エドガー・ケーシーの研究者「ジナ・サーミナラ」によれば、我々は既に二万回以上の「転生」を繰り返しているそうである。）

そうなるとやがて「いい加減ここから脱出しなければ」という、釈迦に代表される「解脱」への「渇望」が生まれてくる。そしてそこから第二の旅立ち「帰還への旅」が始まる。それは用意された次のゲーム、「進化のゲーム」の始まりであった。もちろんこれも又、神の作り出した「遊び」の一環に他ならない。ただし、それはもはや興奮と緊張を求めるだけの単純な「遊び」ではない。より高度で、より複雑で、いわば一段と「洗練された遊び」である。

もちろんこの間にも「逆進化」は続いている。今日も又、多くの神々（魂）たちが「刺激と興奮」を求めて「この世」に降り立っている。そしてこの「進化と逆進化の交差」は、当然の事ながら、この世に「善」と「悪」の複雑な対立を生み出す事になる。

「十戒」以前に「法」はなかった。アベルを打ち殺したカインも、ヨセフを売っ払ったヤコブの息子たちも、ことさら「罪」に問われる事はなかった。「十戒」登場の背景には、それまで彼らの間では物を奪い人を殺す事が半ば「常識化」していた事が示唆されている。

それは別段驚くほどの事ではないのかもしれない。ついこの間まで（そして今日でも）、「戦場」においてはそれは当たり前の事であった。日本軍は大陸で思う存分略奪し、殺戮を行ったが、戦争に負けるまではすべてそれらは「正義」として罷り通った。そしておそらく、モーゼの時代にあっては、世界は「常時戦場」であったに違いない。「国際法」などあるわけもなく「法治国家」すら存在しなかった。「法」らしきものがあったとしても、それは「目には目を」といった仕返しの容認程度のものである。普遍的理念としての「法」が登場したのは「十戒」が最初である。「人を殺す事が悪である。」という「悪」の概念は、（理論的には）このとき初めて生まれた事になる。とはいえその十戒の掟にしても「他民族」には適用されなかった。流浪の民イスラエル人は「約束の地」の名のもとに他国に押し入り、異民族を殺しその領土を奪った。日本軍と同じであった。十戒の教えとは一体何だったのだろう？

十戒以前にも善悪がないわけではなかったが、ただその基準はすべて「神の気分」に依存していた。つまり神の命に逆らう事が悪であり、神の言う事を素直に聞くのが善であった。聖書には「ノアの洪水」を始め、神の意に逆らったがために滅ぼされた人々の多くの逸話が登場する。古代ユダヤ国家が滅びたのもそれが理由とされている。しかし、それらの「罰」の背景にはただ「神の権威」があるだけで、さしたる罪状は語られていない。「大洪水」で流された人々も、自分たちがなぜそのような目に遭うのかよく分からぬままに滅んでいったのである。それ故古代社会の「王」たちは皆「神の子孫」でなければならなかった。「神の権威」を「法」として彼らは国を治めたのである。

善悪の概念が一般的に浸透してきたのは、実は比較的新しく、おそらく「コンスタンチヌス大帝」以降ではないかと思われる。つまりキリスト教がローマの国教となり、力と理念が互いに手を組んでからである。それ以前には神ならぬ、施政者の都合による「法」が存在していただけで、国民が自らを律する「善悪」の概念は存在していなかった。力だけではなく、「理念による支配」という効率的な統治方法を生み出したのがローマの知恵であった。ローマ・カトリックは力ずくでヨーロッパ中にキリスト教を拡めていった。

このローマのやり口は、実は近年まで伝統的に西洋世界に引き継がれてきた。大航海時代の中南米にしても、植民地時代のアフリカにしても、ヨーロッパが行なったのは、侵略と併行して必ず、キリスト教の「布教」であった。我が国で徳川幕府が切支丹を磔にしたのも、このような西洋の戦略を察知しての事であった。

こうした事情から鑑みると、今日の西洋によって主張されている「善悪」の概念は、実は「ローマ帝国」が作り出した「創作」だという事になる。「聖書」にしても、度重なる「宗教会議」によって、ローマの厳しい検閲を経てきたものである。必ずしも、キリストの「すべての真実」が語られているわけではない。

神がその権威のみで一方的に示す善悪、更にそれを統治の手段としてローマによって都合よく脚色された善悪、この曖昧で歪つな善悪観によって、西洋の知識人たちは長い間悩み苦しまされてきた。拝火教の「善悪を超越した神」にニーチェやユングが魅力を感じたのも無理はない。

善悪の概念に関しては、「進化と逆進化」という「カード」を持つ神秘学の立場から初めて、その真実を論じる事ができるかと思われる。シュタイナーは次のような素晴らしい説を唱えている。

アプラクサスは善悪を超越した神であったが、その前提にはこの世には善と悪が当初より両立して存在していた、という認識がある。しかしながらシュタイナーは、聖アウグスティヌスの説を踏まえ、まず「すべてが善」であると規定する。何故なら神は善そのものであるのだから。彼の創った世界に「悪」など存在しようがない、というわけである。その上で彼は言う。

「『悪』とは、時と所を間違えた『善』である。」と……これはアウグスティヌスというより、むしろ仏教の「無明」に通じる思想である。存在の「根本」に「悪」があるから人は悪を働くのではない。悪を働くのは、人がただ「愚か」な故である。悪は「悪」ではなく、時と所を間違えるその「愚かさ」なのだ、と仏教もシュタイナーも断じる。

　これを「マナー」に置き換えると分かりやすいかもしれない。マナー違反は「無知」から来る。結婚式にTシャツで現れる者や、その場の「空気、読めない」者を人は「悪人」とは呼ばない。ただ「バカ」と呼ぶのである……心許ない比較ではあるが、案外「悪」の実態を語り得ているかもしれない。

　サリン事件や、カレー殺人事件、練炭殺人事件、小学校無差別殺人事件等々で凶悪犯たちがそれぞれ「死刑」の判決を受けているが、裁判官がその判決を言い渡す際、長々とした「判決理由」を朗読する代わりに、ただ一言「バーカ」とでも言ってみたらどうだろう?　意外にその方が検事も弁護士も傍聴者も、そして被告自身すら、すんなりと納得するのではないだろうか?　日々テレビから流れてくる中東の内戦や国内の凶悪犯罪のニュースに接し、我々は何とも言えない溜息を覚えるが、それは犯罪への憤りや無力感以前に、人間の愚かさに対する「やりきれなさ」を感じての事ではなかろうか？

ラジネーシの講話の中に次のような小話がある。ある時彼の友人である「泥棒」が、彼の所に相談にやって来た。自分はどうしても「盗み癖」が抜けない。心を改めて泥棒から足を洗うつもりだったのだが、そこに物があるとついつい手を出してしまう。どうすればいいだろうか、と。ラジネーシが答えて曰く「心を改める必要などない。盗みがしたくなればすればいい。ただ、その時『目覚めて』いなさい。盗みをする自分を観察していなさい。」

「へっ、『観察する』だけでいいんですか？」「そう、それだけでいい。」泥棒は早速それを実行した。すると……「不思議なことに、まったく盗みが出来なくなりやした。自分に見張られていたら、盗みが出来ねえんでやす。」……気づくだけで、人は「悪」などという愚かしい事は出来なくなるのである。

「帰還の旅」はこの「気づき」から始まる。無明の闇が次第に開け、次々と「ものが見える」ようになって行く。彼は次第に「善人」になる。彼が「善人」になるのは、彼が「善」を目指し、それを「知った」からではない。ただ「気づき」ただ「目覚め」て行くのだ。そうなるともう「盗み」などという馬鹿馬鹿しい事は出来なくなる。そして「善人」へと成長して行く。こうして人はゆっくりと「帰還の道」を歩み始める。

「進化と逆進化の交差」というこの構図は「悪」の問題と並んで、「愛」についても又、我々に大きな示唆を与えてくれる。

「愛」と言う概念は、恋愛や家族愛など我々が日常的に体験しているものであり、我々にとって馴染み深い心情、概念であるはずなのだが、では改めて「愛とは何か？」と問うてみると、それは一種の「濫用語」というか、余りにも広範囲な領域にまで用いられているため、明確な定義がほとんど困難な状態となっている。

西洋史上最初に哲学的テーマとして「愛」を取り上げたのはプラトン（B.C.427–347）であろう。彼が『饗宴』の中で語った「恋愛論」は「プラトニック・ラブ」の語源ともなり、今日まで親しく語り伝えられている。当時の恋愛の実態がどのようなものであったかは定かではないが、プラトンはここで「愛」とは単なる激情や性欲の発露ではなく、精神的な交流を含め、もっと知的に抑制された上品なものであるべきだと、やや我が国の「葉隠れ」にも似たストイックなスタンスを推奨している。その主張に同意できるかどうかは別として、そこに語られている恋愛心情は現代社会に生きる我々でも充分共有できるものであり、その意味では正に「愛」は二千五百年の時代を超えて常に普遍的なものである事を証明していると言える。（もっとも、この時プラトンの念頭にあった恋愛の相手は、実は異性ではなく「少年」であった。）

しかしながらそれから四百年後、かのイエス・キリストが「山上の垂訓」において語った「愛」（アガペー）は、我々の持つ「愛」（エロス）の概念を大きく揺るがすものであった。イエスは眼下を埋める数千人の信者たちを前に「汝の隣人を愛せ」と言ったのである。

「えっ！　あの婆さんを？」と、聴衆たちは大いに戸惑ったに違いない……これはもう、相手が男か女かという問題を飛び越えて、「恋愛」とはまったく関係のない、人類が初めて耳にする「愛」の概念であった。

「fall in love」と言う言葉があるくらいで、恋とはもともと「落ちる」ものであり、意志して何とかなる代物ではない。いくら相手から懇願、切望されようと、キリストから「命令」されようと、「無理なものは無理。」なのである。それが「エロス」であろうが「アガペー」であろうが事情は同じである。愛はイデオロギーではないし、また成り得ない……そりゃあ隣近所いざこざを起こさずに仲良くするに越した事はない。「隣人と仲良くせよ。」と言う気持ちはもちろん分かるが、しかしそれを「愛せ」と言うのは、イエス様も少し言い過ぎではないだろうか？　しかも、よりによって隣のあの婆さんを……そうやって驚いている聴衆へ向けてイエスは更に追い討ちをかけた。「汝の敵を愛せ」と……さすがにこれは無理な注文だ、と聴衆の誰しもが感じたに違いない……確かに、隣人同様、敵味方心を許して仲良くできれば、互いに殺し合う事もなくみんな平和に暮らせるに違いないだろうが、しかしその前に、取りあえず相手は「敵」なのである。敵であること自体、そこには既に何らかの事情、背景が存在しているわけであり、それを無視して一足飛びに「愛する」事など、かつての社会党の「無防備中立論」みたいな話で、不可能、もしくはナンセンスな主張であった。イエスは一体何を言っているのだろう？　彼はただ夢を見、うわ言を口走っているだけなのだろうか？

このとき信者たちが抱いたであろう素朴な疑問は、実はその後二千年間、ほとんど何の解決も見ないまま今日に至っている。

この問題はキリスト教界に常に「エロス」と「アガペー」の神学論争を呼び起こし、イエスの語った愛の本質は何か、イエスの真意は何処にあるのかと仔細に検討され続けているのだが、未だいかなる神学者も信者たちを充分に納得させるだけの回答を生み出す事はできていない。「山上の垂訓」における聴衆の「戸惑い」は今なお続いているのである。

さてここで改めて「進化」と「逆進化」の問題に立ち返ろう。インド思想には「個は全、全は個」という考え方がある。ヴェーダ神学で言えば、同じ「神」でありながら「ブラーフマン」が「全なる神」であり、「アートマン」が「個化した神」である。これと同じ内容をマハリシは大海と波しぶきに喩え「全なる大海と一滴の波しぶきは何ら変わる事のない『同質』のものである。」と述べている。この概念を先ほどの「逆進化」と「進化」の図式に当てはめると次のようになる。

「全なる神」から始まった「逆進化」のプロセスとは、「全」なるものが「個別化」へと向かうプロセスでもあった。「一なる神」は「神々」へと分かれ、「神々」はそれぞれ「天使群」へと分かれ、「天使」たちは、それぞれ「集合的無意識」へと分かれ、「集合的無意識」は「民族魂」へと分かれ（もう名前などどうでもいいのだが）ともかく「全」が「個」へと分かれて行ったのである。そして究極的に我々は見事に個別化され、一なる神はバラバラに解体され、かくして我々は「エゴ」を獲得し、「個性」を持つことができるようになったのである。

しかしながらあくまで「個は全、全は個」である。一見バラバラになった「個たち」も一方で、或る「力」、もしくは「質」によって「全」なるものとしての性質を保持していた。彼ら「個たち」を互いに繋ぎ、「全」としての形態を維持させている「存在の質」……それこそが「愛」であると考えると、イエスの「命令」の謎が解けてくる。

「愛」を、存在を構成する根源的エネルギー……「引力」と考えたのは、実はプラトンより一時代前の哲学者「エンペドクレス」（B.C.490-430頃）であった。

エンペドクレスは哲学者にしてシケリア島の王にもなった古代ギリシアの賢人であるが、エトナ山の火口に身を投じたその最期によって、史上最初の「自殺した哲学者」として名を残している。（彼の思想と生涯は、ヘルダーリンの戯曲『エンペドクレス』に詳しく描かれている。）

当時ターレスを始めとするギリシアの賢人たちは、競って「万物の根元」を追い求めていた。ターレスが最初にそれを「水」と言い、ヘラクレイトスが「火」と言ったのに対し、「火と水と風とお…」と本来「一」であるはずの「根元」に「四大」（地火風水）という概念を持ち込んだのがエンペドクレスであった。（それは極めてインドのサーンキヤ哲学に近い概念であるが、一方でそれはディオニュソスの系譜を引く「オルフェイス教」の思想から得たものだとも言われている。）

これらの四つの根元要素がそれぞれ付いたり離れたり「運動」する事によって世界は成り立ち展開している、というのが彼の理論であった。そしてその運動を司るエネルギーを彼は「愛憎」に見出したのである。

「これらの四大元素はその愛憎（ピリアとネイコス）によって運動する。」と彼は述べている。「愛」を一種の「エネルギー」として捉えた事が、彼の画期的な着眼であった。エンペドクレス以降「愛」をこのように「物理的」な視点から捉えた者は誰もいない……キリストが登場するまでは。

もちろんイエスは「愛はエネルギーだ。」などとは言っていないが、取りあえずエンペドクレスが言うように「愛」が「万有引力」の元だったとして、「全」から「個」へと存在が分散してゆく「逆進化」の過程の中で、それらを「一」として繋ぎとめている「愛」の「エネルギー」は一体どうなっていったのか考えてみよう……当然の事ながら、それは次第に「薄まって」いったはずである。

人は余程の事がない限り自らを傷つける事はない。そして、近しい者は大切にする。家族愛とか愛国心といった概念もしくは心情の基本はここにある。家族や国家は部分的に「自分自身」でもあるのだ。動物にせよ人間にせよ、母親が我が子を大事にするのも子供と自分の区別がほとんどついていないからに他ならない。母は子を「我が身のように」愛するのである。これが「逆進化」の比較的初期の段階における「全存在間」の関係である。神対人間であろうが、人間対鉱物であろうが、「自他」の区別がつきにくい状態である。

しかし逆進化が進み、対象がより遠くになるに連れ、この「一体感」は薄れて行き、「自」は「自」、「他」は「他」としての概念が強化されて行く。人類は互いに「他人化」して行き、旅の恥は掻き捨てとなり、他国の領土は侵略の対象となり、馴染みの薄い原住民は奴隷か殺戮の対象となって行くのである。

絶え間ない戦争と侵略の繰り返しである「人類の歴史」を、「経済」の問題としてではなく、こうして「愛」の観点から捉え直す時、キリストの言葉が初めて意味と重みを持つ。紀元0年（この時こそ、正に紀元0年であったのだ！）キリストは山上から人類に向かって「薄まった愛を取り戻せ。」と語ったのである。

「逆進化」から「進化」へ、「分散」から「集約」へ、「個化」から「帰一」への存在史的ターニングポイントの旗振り役としてキリストが登場したのだとすれば、彼が「救世主」であるゆえんも、彼が行なったとされる「贖罪」の意味も、そして彼が語った「愛」の真意も明瞭となる。

「汝の神を愛せ、汝の隣人を愛せ、汝の敵を愛せ。」要は何でもかんでも「愛せ」と彼は命じたわけであるが、それは「個別化」はそろそろ終わりだ。さあ「一なる神」へと「回帰」しよう。我々は今日より「帰還」へとその「進化」の道の舵を切る、と宣言した事に他ならない。

それが恋愛であろうが、本能であろうが、もしくは磁石のような物理現象であろうが、「互いが何らかの形で繋がっている」という「絶対認識」、もしくは「絶対感覚」、これが「愛」の正体である。そしてこの感覚が極度に「薄まった」とき、それは「愚かさ」となり「悪」となる。「愛」は又「絶対善」でもあるのだ。アインシュタインが「光速」を「絶対定数」とする事によって相対性理論を構築したように、「愛」こそが我々「被造物」共有の「普遍の物差し」（絶対定数）と言う事もできるのである。

一度六法全書を開いてみるといい。それを作成した人間がその事を意識していたか否かは別として、「法」はその文面の全てにおいて、「愛がそこにあるべきだ」という前提に裏打ちされている。罪にも様々なグレードがあるが、いずれの罪にも共通しているのは「愛の欠損」である。立小便すらそうである。それはいろんな意味で他者への配慮を欠いた行為であるが、その言葉を言い換えるならば「愛の忘却」である。そこに「愛」があれば「他人への配慮を欠く」という行為に出る事はない。カミュの『異邦人』の主人公ムルソーは、（彼は「目覚めたアウトサイダー」であったかもしれないが）「愛の欠如」という点を陪審員に見咎められ、死刑という厳罰を食らったのである。明快な勧善懲悪からなる韓国ドラマなどはその典型であるが、テレビドラマの中の「悪人」は、誰から見ても「愛情のない人間」として描かれている。そしてドラマの終盤において彼らが追い詰められ、「改心」するや否や、彼らは愛に目覚めた（愛を想い出した）「善人」へと戻るのである。（改心しないと大抵の場合は自滅するか退治される。）これが我々現代人が共有する一般的な「善悪観」に他ならない。

「愛に基づく一体感」という「幸福感」を最も身近に実感できるのがセックスであろう。セックスはもちろん「種の保存」という生物界のシステムに組み込まれた「本能」に基づく行為なのであるが、その「本能」の稼働は「快感」に裏打ちされている。人や動物は、その目的が「種の保存」にある事など知らなくても、この「快感」に引き寄せられてセックスを行うのである。ところでこの「快感」であるが、こと人間に関しては、皆も知るように、「相手」によってその「快」は大きく左右される。同じセックスであっても、ほとんど「快」を感じる事のないセックスもあれば、神秘的合一に至るほどのエクスタシーを覚える「快」もある。（この種の「快」を悟りの行に応用したのがインドの「タントラ」である。）

これは決してテクニックの問題ではない、この快感こそ「愛」から発している。肉体にとってセックスは文字通り二つの肉体が「一体」となる「即物的」な行為であるが、「魂」もしくは「精神」にとっては、本来一体であるはずの「他者」との「一体感」を再確認しようとする「霊的行為」であるのだ。真の「エクスタシー」はこの「霊的快」によって起こる。

セックスに限らず「物・金」に関しても事情は同じである。そこに「愛」が有るか無いかによってその「価値」は決定的に異なってくる。貧乏人はいつもお金に苦しめられているので、金さえあれば何とか幸せに暮らせるのではないかと思いがちだが、もちろんそんな単純なものではない。確かに貧しさからの脱出は彼を苦しみから解放してくれるではあろうが、それは厳密には彼を不幸から部分的に救ったに過ぎない。彼はただ「ああ、助かった。」とほっとしているだけの事である。決してそれで「幸せ」になったわけではないし、「不幸」から解放されたとも言い切れない……金持ち、物持ちになってみれば分かるだろうが、「物、金」自体がその所有者を幸福へ導く事はないのである。物質的豊かさというものも「愛」の裏打ちがない限り活用の仕方は乏しく、文字通り宝の持ち腐れとなる。いかなるリッチマンであろうと、そこに家族なり、恋人なり、或いは社会なり、人類なり、自然なり、何らかの愛の対象がない限り、実際虚しく、寂しいものである。そんな「金持ち」の姿を我々はさんざん目にしているはずである。

もちろん「愛さえあれば、貧しくとも人は幸せだ」などとここで主張するつもりはない。「逆」必ずしも「真」ならず、である。ただ、この「愛」の概念なくして「幸福論」は語れない事は確かである。

このイエスの「愛」を、期せずして「社会システム」に採用したのが、誰あろうマルクスであった。

「能力に応じて働き、必要に応じて分配」……マルクスの唱えたこの「共産主義思想」は確かに一見非現実的で、青臭い理想主義的な香りを帯びてはいるが、しかし視点を変えてみれば、それは極めて「合理的」な社会システムであり、充分実現可能なシステムでもある。唯物論を唱えたマルクスは恐らくそんなことは考えてもいなかったであろうが「共産主義」は実は「愛」を前提とした社会システムに他ならず、その共同体の構成員が「愛」を体現していさえすれば簡単に（というよりごく自然に）実現するシステムなのである。ただ、もし、もしそこに充分な「愛」のエネルギーがなかったなら……歴史が示す通り、悲惨な結果が待ち受ける事になる。

二十世紀の共産主義国家がことごとく「失敗」したのは、国家の支配者層を含むその構成員たちに「愛」が不足していたからに他ならない。正確にはこの「愛」の感覚を自覚できる領域にまで、彼らがまだ「進化」していなかった事による。「愛」の自覚を無視して「共産主義体制」（それを「愛の社会システム」とすら呼んでもいいのだが）を施行しようとするならば、どうしても無理強いにも似た強制力、「愛」とは似ても似つかぬ「力」が必要となる。そして施政者が間違ってそのような力を獲得したならば、後はどうなるか？　……それは現代史が明らかにしている通りである。実存主義が「神の不在」という極端なスタンスを取った事によって「地獄」を見たように、「物」に特化した「唯物論」の思想は、本来なら「愛の社会」を作り出したであろう素材を用いて、結果的に「地獄」を作り出す事になる。それは、かつてのソ連や中国や、北朝鮮のごとく、共産主義の名を借りた「専制主義国家」を生み出して行くのである。というのも「力」を志向するのはもともと「逆進化族」の習性であり、更に、逆進化族と進化族が同じ土俵で争えば、当然「愛の薄い方」が強いに決まっているからである。もし彼らの中に、ひとかけらでもこの「愛」の概念があったならば「粛清」や「強制収容所」といった手段は決して取られなかったであろう。「共産主義」は、我々にとっていわば「早すぎた社会システム」であったのだ。

シュタイナーは（彼は決して共産主義者ではないが）この「能力に応じて働き、必要に応じて分配」という思想に大いに共感を示していた。彼はそれが「愛」に根ざした社会システムであることをよく知っていたのだ。そして彼は彼で実際に「大口預金口座」という大変興味深い社会実験を行なっている。この実験は現在でもシュタイナー信奉者たちの間で継続して試みられているらしいのだが、現時点でどれぐらいの規模でどれくらいの件数が行われているのかは、その成功、不成功の結果も含め、定かではない。

取りあえず、一件二十世帯くらいの規模としよう。「大口預金口座」とは、これらの二十世帯が一つの銀行口座を「共有」するという「社会実験」である。一見我が国の「信用組合」の制度に似ているようにも見えるが、この実験がダイナミックなのは、各加入世帯の「全収入」がその口座へと入金され、各人は「必要に応じて」その口座から自由に現金を引き出せるという「ルール」にある。

まさに愛と信頼に基づいた、いかにも危なっかしい実験である。実際問題、あるグループでは加入者の一人がその預金から「ポルシェ」を購入し大問題になったようである。しかしながら、この「実験」は確かに（シュタイナーがおそらくその事を意図したように）我々現代人の「進化の度合い」を測る上での大変興味深い実験とはなっている。それは現時点の我々、もしくはシュタイナー信奉者たちが、或る「未来」には当然存在するであろう「能力に応じて働き、必要に応じて分配」される「愛の社会」に、今どれだけ近づいているのかを測るバロメーターとなっている。

キリストは決してうわ言を口走ったわけではなかった。我々は今日では「恋愛」（エロス）という言葉と共に、人類愛、動物愛、自然への愛、と言った普遍的な愛（アガペー）の概念を、さほど抵抗も衒いもなく、言葉にする事ができる。「人類愛」などという言葉は、まだまだ理想の範疇を出ないが、それでも馬鹿げた理念だとは誰も思ってはいない。これはキリスト教の数少ない「成果」の一つである。モーゼの時代に「人類愛」という言葉を語ったとしても、何の事やら、誰一人理解できる者はいなかったであろう。

先に述べた「共産主義」に関してもこの事が言える。「能力に応じて働き、必要に応じて分配」される社会システムは、「共産主義」という名前がついていないだけで、北欧諸国を始めとするヨーロッパの先進各国において「高負担、高福祉」という形を取って、曲がりなりにも「実現」している。年金の財源に苦しむ我が国ではあるが、実は戦後日本の体制は「歴史上最も成功した共産主義国家」という評価を一部では受けてもいるのである。今日、先進国において「人権の尊重」が謳われているが、「人権の尊重」とは、実は「愛」の左脳的表現に他ならない。我々は確かにキリストが「新約」（New World Order）として人類の中に「隣人愛」と言う概念を持ち込んだ紀元0年の「あの時」から、多少なりとも「進化」しているのである。

　とは言うものの、もちろんこれはあくまで「進化」の側からの「視点」である。「逆進化」の側から眺めるならば、また別の見解が生まれるであろう。「進化」だと？　何を馬鹿な事をやっているのだ、と彼らは言うかもしれない。

「逆進化族」の求める快と幸福は「進化」の側のそれと、当然の事ながら真っ向から異なる。彼らの価値観は「一体感」よりも「非退屈性」（exentability）にある。退屈の解消のためならば、一体感などどうでもいいものである。というより、その一体感こそ、彼らの「自由」を阻害し、彼を退屈の地獄へとつなぎ留めている「悪」の根源に他ならない。その地獄から逃れ、今や「逆進化」のピークに立つ連中にとっては、あの「退屈な故郷」へ向かう人間など「時と所を間違えた」おかしな存在にしか見えないはずである……確かに、「善人」とはとかく退屈な人種ではある……又ひとつ「体験」を語ろう。

　私はその頃、「平穏な日々」にいささか飽き飽きしていた。平穏無事という事は、文字通り「何も無い」という事であり、特別肝を冷やすような「事件」も起きない代わりに、宝くじに当たったり、絶世の美女が舞い込んだりといった、歓喜に浮き立つような事も何故か起こらない。まさに「善人」が黙って傍らに座っているようなものであった。

その平穏さが瞑想によってもたらされているものだという事は分かっていたので、試しに、しばらく瞑想をやめてみる事にした……すると、すぐさま「反応」があった。

スペインの知人を通して「レアル・マドリード」から連絡が入ったのだ。レアルの事業部が主催するマドリードでの「世界少年サマーキャンプ」に参加しないかという打診であった。要はそのイベントの日本でのエージェントにならないかという話である。いくら子供相手とはいえ、向こうはサッカースクール、こちらは英会話スクールである。相手が相手だけに、本来なら私の会社では手に余る話であった。関連性は何もなかった。しかし私は、そそくさとマドリードへ向かった。

スペインの知人が私の事をどう「吹いて」いたのかは知らないが、私は「レアル・マドリード」にいたく歓迎され、ベルナベウ・スタジアムのメインコートで記念写真まで撮らせてもらった。ただ勿体ない事に、初めてのスペイン訪問であったにもかかわらず、滞在中その大半を私はホテルのベッドで過ごした。海外へは嫌というほど行っているが旅先で寝込んだのはそれが初めてであった……これも例によって「後で判った」ことだが、スペインには私の過去生のカルマが温存されていた。十五世紀のイベリア半島におけるイスラムとカトリックの争いの時、私はイスラム教徒としてその戦いの渦中にいたとの事である。その地を踏む事によってどうやら私は、その封印されていた「カルマ」の蓋を開けたらしい……行く手には暗雲が漂っていた。

レアルの事業部は、その後「サマーキャンプ」に限らず、「オールドチーム」の日本派遣や、「ユース」との交流試合や、長期の「サッカー留学」等々、様々な企画を次々と提案してきた。何と言っても「レアル・マドリード」である。企画のネタには事欠かない。当然の事ながら、そのほとんどが私の手に余るものばかりであった。それでもついつい見栄を張って、出来る限りの対応はした。中でも一番驚いたのは、ベッカムのスケジュールが突然空いたのだが、三日ほどそちらで引き受けないか、という話であった。腰を抜かしつつも、一応あちこちに声を掛けてみたが、私のネットワークではさすがに無理な話であった。ベッカム招聘は実現しなかった。その際レアルが提示したベッカムのギャラは、一日八時間拘束で、日本円にして六千万であった。三日で一億八千万円である。世界のトップタレントの相場というものを私はそのとき知った。

そんなこんなとやっている内に、みるみる赤字が膨らんでいった。その上、子供が泣いて帰国するわ、留学生が警察に捕まるわ、訴訟沙汰は起きるわなど、思いがけないアクシデントが立て続けに発生した。私は四年でレアルとスペインに別れを告げた。会社は倒産寸前であった……私は慌てて「瞑想」を再開した。

「進化」の旅の途上において、このような「逆行」はしばしば起きる。何と言っても「ここ」は進化と逆進化が行き交う「スクランブル交差点」なのであるから。ここでは対立する価値観がいずれも「善」として同居している。無数の衝突、無数の矛盾、無数の悲惨さが絶えないのも道理である。

ユングは、人は二つの中心点を持つ存在だと主張した。彼はそれを「エゴ」（自我）と「セルフ」（自己）と名付けた。「エゴ」はいわゆるエゴであり、それは我々の心の表層部に位置する。人体図でいえば脳である。一方「セルフ」は我々の心の（ユングの言う「無意識」の）最深層部、いわば神、もしくは「存在」の領域に位置する。それは人体的には心臓部に当たるという。こうして二つの中心点を持つが故に人の心は「楕円」なのである。この脳にある中心点をできるだけ心臓部へと近づけ、心の形を「正円」へと整えることが人の道であるとユングは説く。言葉を換えればここでも又、人生の目的は「進化」だと言っているのかもしれない。

しかし「二つの中心点」が合体へと向かうというユングの進化論には、多少ながら、ある短絡さと性急さが潜んでいるかと思われる。確かに正円は完全であり、完結であるだろうが、ユングはここで楕円の持つ「多様性」を見落としている。

「信仰はアートである」と言ったラジネーシは、また別のところで「人生はアートだ」とも言っている。そしてユングの言うこの歪つな楕円の形こそが「アート」としての要素を内包していると考えるべきである。楕円は醜く、不条理と困難に満ちているかもしれない。そこにこそ「苦しみ」の因があるに違いない。そこでは「善」も歪み、「愛」も歪んでいる。しかしながら、だからこそ、人は、人生は、多様であり、繊細で変化に富み、面白いのである。それでこそ、それは「アート」の名にふさわしい。

「進化」と「逆進化」の交差は我々自身の中の状況でもある。それ故「逆行」は常に起こる。しかし案ずるには及ばない。「逆行」もまたアートの一部であり、広い意味での進化の道筋である。「レアル騒動」によって会社の経営も私自身もまた振り出しに戻ったわけであるが、私が帰ってきたのは決して以前と同じ地点ではなく、一巡した螺旋の一段上の地点である、と自分では思っている。ラジネーシの言うように「急ぐ」理由は何もない。進化の階段を「急いで駆け上れ」とは誰も言っていない。

「子育て」は「楽しい」ものである。子供を食べさせるのは大変だが、その事によって子供が日々成長して行くのを見るのは何よりの喜びでもある。そこには当然の如く「愛」があり「喜び」がある。人はその事を知っている。

そして神自身にとっても、セルフにとっても、事は同じである。人が長い人生を通して行なっているのは子育てならぬ「自分育て」である。「エゴ育て」と言ってもいい。「セルフ」にとって「エゴ」はいかにも「愛くるしい」。彼は常に無知であり、愚かであり、見苦しくヘマばっかりやっている。時には自分自身に腹が立ってくる。にもかかわらず、彼は「成長」する。本当に少しずつではあるが、日々成長する。十年前の自分を振り返って「あのとき俺は偉かった」などとは誰も思わない。「あのころ自分は若かった」と思うのである。過去の自分は今よりも確実に無知であり、愚かであった事を人は知っている。だからといってそこには多くの場合、悔恨よりも微笑ましさの方が先に立つ。この点はまったく「子育て」と同じなのである。

ここで紹介した多くの識者たちは、人生の目的は進化だと言う。おそらくそうなのであろうが、しかしながらその定義はいかにも神が深遠な「目的」を持って決定的な「ゴール」を定め、それへ向かってまっしぐらに突き進んで行かなければならないような「義務感」を我々に与えかねない。そうではなく、義務ではなく、掟でもなく、目標でもなく、ただそれが面白く楽しいから我々は成長し、進化するのだと考える方が自然である。我が子が育ち日々賢くなって行く事が楽しいように、自らの「エゴ」が、数々の困難に満ちた経験を経て、日々目覚め、成長して行く事こそが最大の喜びでなくて何であろう?　……「リーラ」……「神の遊び」とはそのようなものであろう。一方に「セルフ」という完成体が存在している分「エゴ」は常に未完成であり、ほぼ永遠に未完成である。アキレスと亀の競争のように、エゴは継続的にセルフに近づいて行くが、決してセルフと合一する事はない。そもそも、もし合一してしまったら、そこでゲームオーバーなのであるから。このような「エゴ」のシステムを作り出したのは、どうやら「神の遊び」の大発明ではなかっただろうか?

このゲームを最も効果的に楽しむ方法は（それが人生を「最善に生きる方法」でもあるのだが）……すべてを起こさせ、すべてを受け容れる事である……もちろんこれには大いなる好奇心と少なからぬ知恵と勇気が必要ではある。そしてこの「受け容れる勇気」の事を古代ギリシアでは「情熱」（passion）と呼んだのである……言うまでもなく「passion」は「passive」（受身）の同属語でもある。古代のギリシア人にとって「情熱」とは運命を受け止める「勇気」「覚悟」を意味していた。（これはキリストの「受苦」を指す言葉ともなっている。）

「受け容れる」とはただ単に「耐える」事ではない。そこに「意味」を感じようが感じまいが、「起きる事」すべてを「積極的に」受け容れる事、ニーチェの言葉を借りるならばそれを「愛する」事……それが生きる秘訣である。

「これは悪夢なりしか?　……よし、ならば何処までも見続けてやろう。」と語ったニーチェは、「運命愛」(amor fati) を説いた。「運命」とは、我々の手ではどうする事もできない「転がす事のできない岩」である。我々は黙ってそれを受け取るより他にない。しかし、それと同時に「それは私が欲したものでもあるのだ。」という決意と自覚をもってそれに向き合う時 (ニーチェはその姿勢を「運命愛」と呼んだ)、「根拠の輪」(Rad des Grundes) は回り始める、とニーチェは言う。(ニーチェ本人は知らなかったかもしれないが、神秘学的には、事実彼はそれを「欲した」のであり、「欲した」からこそそれはやって来たのである……だがその一方で、彼がその事を知らなかったからこそ、彼のこの「決意」は悲壮であり、美しいとも言い得る。)

「根拠の輪」が何であるかは定かではない。おそらくそれは「存在が持つ根源的な調和力」(神の叡智、もしくはマハリシの言う自然法則) のようなものだったのではないだろうか?

「神の死」を宣言したニーチェではあるが、彼は同時に「聖なる求道者」でもあった。この虚無に満たされた生の根底に「根源的な摂理」が存在している事を、最後には認めていたのかもしれない。「何処であろうと、どんな深淵であろうと、自然に導かれるままに後をついて行く。さもなければ何も学ぶ事などできないだろう。」とT・H・ハクスリーも言っている。

人生は「アート」である。「アート」に完成形はない。絵画でも音楽でも、すべての芸術作品は、いずれも完成途上にある。そして我々の「人生の目的」も、おそらく決してたどり着く事のない「完成」へ向かって、日々「完成度」をあげて行く事にある。それが人生を「生きる者」にとって、そして創造する「神」にとっての最高の「喜び」であるのだ。まさに冒頭に掲げたように「神は、人が『遊ぶ』のを見て喜ぶ。」のである。

とはいえ又その一方で、ここまで述べてきた理論（?）に従えば、何だかんだ言いながら、いずれは我々もその「出発点」へ帰り着く事になる。そこで進化と逆進化の円環は閉じる。その先はどうなるのであろう？　我々は再び無の中へ、神の退屈の中へ帰るのであろうか？　そうはならない、と考える方が自然であろう。神はあくまで「無限」である。我々が帰り着くのは、決して「出発点」ではない。出発点と同じ座標の、一段上の面である。思い出して欲しい。宇宙の基本運動はあくまで「螺旋」なのである。その先にも道は続いている。しかしながら、そこは「未知なる地点」でもある……ここでようやく「不可知論」の登場となる……それは我々と共にこの逆進化と進化の道を歩んできた神にとっても又、未知なる新しい道に他ならない。そこから先は「神のみぞ知る」ではなく、「神すらも知らない」世界なのである。

「人は何のために生きるのか？」で始まったこの書、及び私の「人生」も、そろそろ「終盤」に近づいて来た。時間というものはなかなか素晴らしいものである。アインシュタインではないが、「宇宙の果てには何があるか？」という当然「回答不能」とも思える問い掛けに対してすら、時間と根気を費やしていきさえすれば、何とか「答えらしきもの」にたどり着けるものである。

私も又、のらりくらりとした長い人生を経て、私なりの一つの「解答らしきもの」にたどり着いた、と内心納得している。もちろん「これが真理だ」などと声高に主張するつもりはない。所詮私の見出したものも「存在の一ピース」に過ぎないのだから。

ただ、もし今幼少期の私と出会い「人生の目的は何か？」と彼に訊かれたならば、私は彼の眼をしっかりと見据えて次のように答えるだろう。

「人生の目的は……無いわけではない……そのまま誠実に、歩み続けなさい。」と。


（終）

著者プロフィール

榊 満天星（さかき どうだん）

1946年大分県出身。岐阜県在住。

早稲田大学第一文学部卒。

長年にわたり霊能者グループによる過去生リーディングウェブサイト「メタフィジカ」を運営。

これまで約700人、2000件の「過去生」をリーディング。

過去生の実態、概要、詳細についていくつかの小論を当サイトに掲載。（閲覧可）。

また「アトリエ・Doughdan」において、長期にわたり瞑想の月例会を開催。「瞑想」の普及に努める。

実存神秘学

2019年1月15日　初版第1刷発行

著　者　榊 満天星
発行者　瓜谷 綱延
発行所　株式会社文芸社
〒160-0022　東京都新宿区新宿1－10－1
電話　03-5369-3060（代表）
03-5369-2299（販売）

印刷所　株式会社暁印刷

©Doughdan Sakaki 2019 Printed in Japan
乱丁本・落丁本はお手数ですが小社販売部宛にお送りください。

送料小社負担にてお取り替えいたします。

本書の一部、あるいは全部を無断で複写・複製・転載・放映、データ配信することは、法律で認められた場合を除き、著作権の侵害となります。

ISBN978-4-286-20157-3